AF275062

2h

COCINA EN PARA TODA LA SEMANA

HEALTHY

STÉPHANIE DE TURCKHEIM

2h HEALTHY

COCINA EN PARA TODA LA SEMANA

FOTOGRAFÍAS DE ALINE PRINCET
TRADUCCIÓN DE PALMIRA FEIXAS

 Planeta

Introducción

¿Quieres preparar platos sanos y sabrosos para toda la familia? Pues con los menús de este libro de *batch cooking healthy* lo vas a conseguir. Olvídate del estrés y del agobio que se apodera de ti a las ocho de la tarde cuando piensas en la cena o en la comida del día siguiente y disfruta de un menú casero, equilibrado y rico. En este libro se ha dado protagonismo a las verduras y los cereales integrales, reduciendo las cantidades de carne. El *batch cooking* no solo permite elaborar comidas deliciosas, sino también ahorrar dinero y reducir las sobras. ¡Todo son ventajas!

Basta con que sigas los pasos, sin complicarte. ¡Todo está pensado de antemano! Simplemente tendrás que encontrar un poco de tiempo para hacer las compras y dedicar dos horas el domingo a cocinar las comidas o cenas de entre semana. Con la ayuda de las listas de ingredientes y las indicaciones detalladas irás completando sin dificultad todos los pasos del menú.

Todas las preparaciones se guardan en fiambreras o bolsitas, de manera que la cocina quedará limpia toda la semana, al igual que la nevera, que, además, estará bien organizada. Entre semana, antes de servir la comida, solo hará falta que la calientes, mezcles algunos ingredientes o cuezas algo rápido. Como máximo tardarás un cuarto de hora.

En este libro encontrarás dieciséis menús ordenados por estaciones. Cada uno está compuesto por siete recetas: cinco platos principales, un entrante y un postre, o dos entrantes y dos postres.

¡Deléitate y sorprende a tu familia o a tus amigos con estos menús originales, fáciles de preparar y, sobre todo, de lo más *healthy*!

Sigue los pasos

1. Elige un menú de temporada que te apetezca.

2. Haz la compra cuando tengas por costumbre hacerla, para no perder tiempo. Como los ingredientes son sencillos, no te costará encontrarlos.

3. Resérvate dos horas para cocinar durante el fin de semana, idealmente el domingo, así la comida se mantendrá fresca un día más.

4. Dispón todos los utensilios que vayas a necesitar en la encimera; así no tendrás que andar buscándolos y lavándote las manos constantemente.

5. Saca de la nevera y de los armarios todos los ingredientes que vayas a utilizar y colócalos a tu alcance, junto a los utensilios.

6. Busca un taburete cómodo y suficientemente alto; prepárate para pasar dos horas en la cocina.

7. Deja enfriar la comida y guarda los platos, las sopas, las salsas, las vinagretas y las hierbas aromáticas cortadas en tarros herméticos, botellas o bolsas de congelación.

8. Sigue las indicaciones para cada día de la semana. No te olvides de descongelar la comida la noche anterior, si es necesario.

Ventajas de este método

- Una semana tranquila, sosegada, sin el estrés cotidiano que provoca el hecho de tener que preparar la comida para ti o para toda la familia. Podrás volver a casa sin agobios y disfrutar de los tuyos en lugar de andar comprando los ingredientes que te faltan.

- Un verdadero ahorro de tiempo en la cocina, antes y después de comer, porque, como todo está listo, no tendrás que fregar ni recoger un montón de cacharros.

- Comidas sanas y equilibradas que favorecen un sueño reparador y, sobre todo, que gustan a todo el mundo.

- Y, por último, se acabó el derroche de comida, porque vas a usar todos los ingredientes que compres, de manera que no habrá sobras, o muy pocas; además, notarás un gran ahorro en el presupuesto alimentario, dado que no caerás en la tentación de pedir comida a domicilio o de comprar cosas innecesarias, porque todo estará listo.

Por tanto, ¡grandes dosis de bienestar y calma para toda la familia!

Inconvenientes

Muy pocos, en realidad. Aunque al principio dos horas te parezcan demasiado o te cueste encontrar un hueco durante el fin de semana, una vez que te organices y que te pongas manos a la obra, el tiempo vuela y, sin darte cuenta, enseguida habrás terminado de cocinar.

¡Y qué alegría te dará ver todas las fiambreras ordenadas en la nevera!

Material

Los menús son relativamente fáciles y están pensados para una familia de cuatro personas, es decir, para un hogar medio, que disponga de un horno en el que se puedan poner dos bandejas a la vez y un fogón con tres o cuatro fuegos. Para ir más deprisa, las cocciones se hacen al mismo tiempo o se encadenan.

Prepara fiambreras herméticas y tarros o botellas de cristal, que podrás reutilizar, así como bolsitas para congelar.

Antes de empezar

- Ordena la nevera y el congelador para dejar espacio. Tira los alimentos estropeados o caducados. Utiliza el resto en función de las fechas de caducidad.

- Limpia la nevera con vinagre blanco. Una vez que esté limpia, pon un poco de poso de café en un tarrito y colócalo en un rincón para eliminar los malos olores.

Tiempos de conservación recomendados en la nevera

1 semana

lechuga lavada y bien enjuagada

hierbas aromáticas lavadas

verduras y *crudités* cortadas y secadas

vinagretas

5 días

huevos duros

legumbres cocidas en casa

Entre 3 y 4 días

cereales hervidos (arroz, quinoa, etc.)

verduras cocidas

sopas, cremas, gazpachos o salsas

gratinados

estofados o guisos preparados

2 días

quiches y tartas

ensaladas ya mezcladas

Consejos

- Las manzanas, los aguacates y las patatas se oxidan enseguida, de manera que no se pueden preparar con antelación.

- Cuece los cereales, el arroz, la pasta o la sémola en el último minuto; así la textura será mejor, más al dente, más natural.

- Guarda los guisos en la misma cazuela; así podrás calentarlos más fácilmente.

- Congela las hierbas aromáticas para que no pierdan sabor.

- Consume los platos congelados al cabo de dos meses como máximo, para que no pierdan sabor ni frescura.

Material básico

Para cocinar

* 1 pelador
* 1 cuchillo de cocina
* 1 rallador
* 1 colador
* 1 tabla de cortar
* 1 tijeras
* 1 batidora de mano o 1 licuadora
* 3 ollas
* 1 sartén
* 1 cazuela
* 1 sartén grande
* 1 bandeja para el horno
* 1 fuente para el horno
* 1 molde para tartas
* 1 ensaladera
* 2-3 bandejas para servir

Para conservar los platos y los alimentos

De lunes a viernes los platos se conservan en fiambreras, botellas o bandejas. Por tanto, deberás tener numerosos recipientes, tarros y botellas.

En la medida de lo posible, elige fiambreras herméticas de cristal que puedan ir tanto al horno como al microondas. El cristal también tiene la ventaja de que no conserva los olores y se puede meter en el lavavajillas. Hoy en día se pueden comprar fiambreras de cristal en cualquier gran superficie. Guarda los tarros de miel o de mermelada para salsas y vinagretas, y las botellas de cristal para sopas, cremas o gazpachos.

También puedes usar bolsitas reutilizables de cierre hermético para conservar lechuga, *crudités* o hierbas aromáticas cortadas.

En general, para un menú, necesitarás:

* 1 fiambrera grande o 1 bolsita reutilizable de cierre hermético para conservar la lechuga
* 4 o 5 fiambreras de 1,5 l
* 5 fiambreras medianas
* 4 fiambreras pequeñas o 4 tarros
* 1 botella de cristal de 1,5 l

Para tapar los platos necesitarás film alimentario, papel de aluminio, cubreplatos reutilizables de plástico lavable y bolsitas para congelar grandes, pequeñas y medianas.

Despensa básica

Estos ingredientes se utilizan a menudo en los menús. Asegúrate de tenerlos siempre en la despensa.

Cereales y legumbres
* pasta de todo tipo: macarrones, pajaritas, coditos, espaguetis
* lasaña
* polenta
* sémola
* arroz
* trigo
* lentejas

Condimentos
* mostaza
* vinagre de vino
* vinagre balsámico
* aceite de oliva
* aceite de girasol
* sal
* pimienta negra
* leche de coco
* pastillas de caldo
* concentrado de tomate
* tomate triturado

Frutos secos
* piñones
* ciruelas pasas

Especias básicas
* hierbas provenzales
* orégano
* tomillo
* romero
* comino
* curri
* nuez moscada
* laurel
* pimentón

Primavera

Menú

Menú #1

Lunes

Crema de guisantes con jengibre
y una rebanada de pan integral con jamón cocido

Martes

Entrante
Puerros con una vinagreta de aceite de oliva
Plato principal
Salmón en papillote sobre un lecho de arroz
con pesto de tomates secos

Miércoles

Coliflor y patatas asadas con especias,
rollitos de jamón cocido con ricota y rúcula

Jueves

Tajín de pechugas de pollo, pera, miel, canela, almendras y piñones
tostados

Viernes

Plato principal
Risotto de guisantes
Postre
Compota de pera con vainilla

Lista de la compra

Verduras/Fruta

10 puerros

4 cebollas

2 coliflores pequeñas
con hojas verdes

10 patatas

500 g de guisantes frescos
pelados

10 peras

1 limón

1 manojo de perejil

1 bolsita de rúcula

Carne/Pescado

4 lomos de salmón

4 pechugas de pollo de corral

8 lonchas de jamón cocido

Lácteos

125 g de mantequilla
semisalada

250 g de ricota

1 bote pequeño de nata
fresca espesa

Varios

500 g de arroz blanco de
grano largo

25 g de piñones

40 g de almendras marconas

1 tarro de tomates secos

1 pan integral cortado (para
el lunes)

Despensa básica

aceite de oliva

vinagre

mostaza

sal

pimienta negra

miel

canela

cúrcuma

comino

jengibre en polvo

2 pastillas de caldo
de verduras ecológicas

2 sobres
de azúcar avainillado

Antes de empezar

1. Si tienes suficiente espacio, saca todos los ingredientes que vas a utilizar en la sesión de cocina, menos el bote pequeño de nata fresca, 4 lonchas de jamón cocido y el pan integral. Así lo tendrás todo a mano y no perderás tiempo buscando los ingredientes.

2. Saca también todos los utensilios necesarios:

* 1 tabla de cortar
* 1 trapo limpio
* 1 bandeja para el horno
* 1 fuente para el horno
* 1 vaporera
* 1 cazuela
* 3 ollas grandes (o 1 que tendrás que lavar en cuanto termines de cocer los alimentos)
* 1 olla pequeña
* 1 batidora de mano (o 1 licuadora)
* 8 recipientes: 1 botella o 1 fiambrera para la crema de verduras; 4 fiambreras grandes para las papillotes, las verduras asadas, el tajín y el *risotto*; 2 fiambreras medianas para la compota y los rollitos de jamón cocido; 1 tarro para la vinagreta
* 1 bolsita para el perejil
* film alimentario, papel de horno y papel de cocina

¡A cocinar durante 2 horas!

1. El arroz. Cuece el arroz siguiendo las indicaciones del paquete. Escúrrelo.

Precalienta el horno a 180 ºC (t. 6). Prepara la fruta y la verdura.

2. Los puerros. Corta la parte verde y tírala. Corta la parte blanca por la mitad, longitudinalmente, y lávala bien con abundante agua. Pica la parte blanca de 2 puerros. Cuece al vapor los otros 8 puerros durante 10 minutos o hasta que estén tiernos, según su tamaño. Pínchalos con un cuchillo para asegurarte de que estén bien cocidos.

3. Las cebollas. Pélalas y pícalas.

4. Las coliflores. Quita las hojas verdes de las coliflores y lávalas con abundante agua. Corta las hojas en trocitos para añadirlas al *risotto*. Lava las coliflores sin las hojas.

5. Las patatas. Lava las patatas con abundante agua. Pela, corta por la mitad y después en daditos 2 patatas. Reserva las otras 8.

6. Los guisantes. Lávalos con abundante agua.

7. Las peras. Pélalas. Corta 4 peras por la mitad y quítales el corazón. Rocíalas con zumo de limón y guárdalas en un recipiente. Corta el resto de las peras en trocitos y ponlas en una olla. Añade un poco de agua y 2 sobres de azúcar avainillado. Hiérvelas durante 10 minutos, removiendo de vez

en cuando. Viértelas en una fiambrera y deja que se enfríen.

8. El perejil. Lávalo y sécalo. Pícalo y guárdalo en una bolsita en la nevera.

Empieza las cocciones y las preparaciones.

9. La coliflor y las patatas asadas. Cubre una bandeja para el horno con papel de hornear. Coloca encima la coliflor y las 8 patatas enteras. Añádeles aceite de oliva, cúrcuma, sal y pimienta negra. Hornéalas durante una hora. Guárdalas en una fiambrera grande.

10. El tajín de pollo. En una cazuela, sofríe la mitad de las cebollas con un buen chorro de aceite de oliva. Corta las pechugas de pollo en 3 trozos y añádelos a la cazuela. Dóralos bien y añade 1

cucharada sopera de comino, 1 cucharadita de cúrcuma, 1 cucharadita de jengibre, 1 cucharadita de miel y ½ cucharadita de canela. Salpimiéntalo y mézclalo todo bien. Pon las 4 peras partidas por la mitad encima. Cúbrelo con agua y déjalo cocer durante 15 minutos. En una sartén, tuesta las almendras y los piñones sin aceite. Añádelos a la cazuela al final de la cocción. Deja que se enfríe antes de guardarlo en una fiambrera.

11. La crema de verduras. En una olla, sofríe la parte blanca de los puerros y los dados de patata con un trozo de mantequilla durante 10 minutos. Añade 400 gramos de guisantes, 1 cucharadita de jengibre y 1 pastilla de caldo desmigada, salpimienta y remueve. Cúbrelo todo con agua y hiérvelo durante 15 minutos. Pruébalo, rectifica de

sal, si es necesario, y tritura la crema. Viértela en una botella o en una fiambrera. Déjala enfriar.

12. El salmón en papillote. Corta 4 trozos de papel de horno. En el centro de cada uno, pon 3 cucharadas soperas de arroz hervido y 1 lomo de salmón encima. Vierte en un recipiente el tarro de tomates secos, incluido el aceite, y tritúralos con la batidora hasta obtener un pesto. Unta los lomos de salmón con el pesto y salpimiéntalos. Cierra bien las papillotes y hornéalas debajo de las verduras durante 8 minutos. Deja que se enfríen antes de guardarlas en una fiambrera grande.

13. El *risotto* de guisantes. En una sartén grande, sofríe el resto de las cebollas con aceite de oliva junto con la coliflor picada durante 10 minutos.

Añade los 100 gramos de guisantes restantes, 1 pastilla de caldo de verduras desmigada y, por último, el arroz. Mézclalo bien y vierte un vaso de agua caliente. Cuécelo entre 8 y 10 minutos. Deja que se enfríe.

14. Los rollitos de jamón cocido con ricota y rúcula.
Pon la rúcula en un cuenco, añade la ricota y salpiméntalas. Extiende 4 lonchas de jamón cocido, úntalas con esa mezcla y enrolla cada loncha sobre sí misma. Guárdalas bien apretadas en una fiambrera hermética.

15. La vinagreta.
En un tarro, mezcla 1 cucharadita de mostaza con 3 cucharadas soperas de vinagre y 5 cucharadas soperas de aceite de oliva. Salpiméntala.

¡Todo listo! Deja que se enfríe.

Guarda en la nevera
- los puerros cocidos al vapor (se conservan durante 3 días);

- la bolsita de perejil (se conserva durante 6 días);

- la coliflor y las patatas asadas (se conservan durante 4 días);

- la crema de guisantes (se conserva durante 3 días);

- las papillotes de salmón (se conservan durante 3 días);

- los rollitos de jamón cocido (se conservan durante 4 días);

- el tarro de vinagreta (se conserva durante 6 días).

Guarda en el congelador
- la compota de pera (se conserva durante 2 meses);

- el tajín (se conserva durante 2 meses);

- el *risotto* de guisantes (se conserva durante 2 meses).

¿Qué debes hacer antes de

Menú #1

Lunes

Crema de guisantes con jengibre y una rebanada de pan integral con jamón cocido

Tiempo de preparación:
5 minutos
Tiempo de recalentamiento:
10 minutos

Ingredientes: la crema de guisantes, el bote pequeño de nata fresca, 4 rebanadas de pan integral, mantequilla, 4 lonchas de jamón cocido
Vierte la crema de guisantes en una olla y caliéntala a fuego suave durante 10 minutos.
Sirve la crema en cuencos y añade 1 cucharada de nata fresca encima.
Tuesta las rebanadas de pan, úntalas con mantequilla y añade 1 loncha de jamón cocido encima.

Tiempo de preparación:
2 minutos
Tiempo de recalentamiento:
15 minutos

Martes

Entrante
Puerros con una vinagreta de aceite de oliva

Plato principal
Salmón en papillote sobre un lecho de arroz con pesto de tomates secos

Ingredientes: los puerros, el tarro de vinagreta, las papillotes y perejil
Calienta las papillotes en el horno a 150 °C (t. 5) durante 15 minutos.
Sirve los puerros en una fuente, vierte la vinagreta y espolvoréalos con perejil.

Miércoles

Coliflor y patatas asadas con especias, rollitos de jamón cocido con ricota y rúcula

Tiempo de preparación:
2 minutos
Tiempo de recalentamiento:
15 minutos

Ingredientes: las verduras asadas y los rollitos de jamón cocido
Precalienta el horno a 180 °C (t. 6). Pon las verduras en una bandeja grande y hornéalas durante 15 minutos. Sirve los rollitos de jamón cocido en una fuente.
Saca el tajín del congelador y déjalo en la nevera para el día siguiente.

Jueves

Tajín de pechugas de pollo, pera, miel, canela, almendras y piñones tostados

Tiempo de recalentamiento:
15 minutos

Ingredientes: el tajín y perejil
Echa el tajín en una olla y caliéntalo a fuego medio durante 15 minutos. Espolvoréalo con perejil antes de servirlo. **Saca del congelador el *risotto* de guisantes y la compota de pera y déjalos en la nevera para el día siguiente.**

Tiempo de recalentamiento:
10 minutos

Viernes

Plato principal
Risotto de guisantes

Postre
Compota de pera con vainilla

Ingredientes: el *risotto* de guisantes, la compota de pera y los restos de perejil
En una sartén, vierte el *risotto* y caliéntalo a fuego suave durante 10 minutos. Si te parece demasiado espeso, añade un poco de agua. Espolvoréalo con perejil antes de servirlo. Vierte la compota en una ensaladera.

Estas indicaciones son las ideales si has preparado el menú para cenar en casa. Pero si has cocinado para comer al día siguiente en el trabajo, en general bastará con que ultimes la preparación la noche antes y calientes la comida en el microondas de la oficina.

Menú

Menú #2

Lunes

Plato principal
Pechugas de pollo rellenas de guacamole
con una ensalada de lechuga y verdolaga
Postre
Carpaccio de piña con ralladura de limón

Martes

Zanahorias y ajo confitados al horno con tomillo,
espelta pequeña y aceite de oliva

Miércoles

Entrante
Rábanos con flor de sal y tomillo fresco
Plato principal
Tortilla de verdolaga y queso de cabra fresco con lechuga

Jueves

Dorada con tomillo fresco y limón al horno,
acompañada de boniato asado con piel

Viernes

Crema de hojas de zanahoria y rábanos,
dados de boniato y espelta pequeña

Lista de la compra

Verduras/Fruta

5 boniatos

1 manojo de verdolaga

2 manojos de zanahorias

1 manojo de rábanos

1 lechuga grande

1 manojo de cilantro

1 manojo de cebollino

2 cabezas de ajo

2 limones

1 piña

4 aguacates

1 ramillete de tomillo

Carne/Pescado

4 pechugas de pollo de corral

1 dorada grande

Lácteos

1 queso de cabra fresco

Varios

10 huevos ecológicos

500 g de espelta pequeña

Despensa básica

mostaza

vinagre

aceite de oliva

flor de sal

pimentón

pimienta negra

sal

Antes de empezar

1. Si tienes suficiente espacio, saca todos los ingredientes que vas a utilizar en la sesión de cocina, menos los huevos y el queso de cabra fresco. Así lo tendrás todo a mano y no perderás tiempo buscando los ingredientes.
2. Saca también todos los utensilios necesarios:
* 1 tabla de cortar
* 1 pelador
* 1 trapo limpio
* 1 bandeja para el horno
* 1 fuente para el horno
* 3 ollas grandes (o 1 que tendrás que lavar en cuanto termines de cocer los alimentos)
* 1 escurridor de ensalada
* 1 colador
* 1 batidora de mano
* 1 cepillo (para limpiar las zanahorias)
* 10 recipientes: 4 fiambreras grandes para la crema de verduras, la dorada, las verduras al horno y el boniato; 4 fiambreras medianas para los rábanos, el *carpaccio* de piña, la espelta pequeña y el guacamole; 2 tarros para la vinagreta y la flor de sal con tomillo
* 3 bolsitas para el cebollino, la verdolaga y la lechuga.
* film alimentario, papel de horno, papel de cocina y papel de aluminio

¡A cocinar durante 2 horas!

Precalienta el horno a 180 °C (t. 6).
Prepara la fruta y la verdura.

1. El boniato. Lava los boniatos con abundante agua, envuelve 4 con papel de aluminio, ponlos en una bandeja para el horno y ásalos durante 40 minutos. Deja que se enfríen antes de guardarlos en una fiambrera. Pela el último boniato y córtalo en daditos.

2. La verdolaga. Lávala con abundante agua y escúrrela bien. Guárdala en una bolsita.

3. Las zanahorias. Corta las hojas, lávalas bien y pon ¾ en una olla grande. Limpia el resto con un cepillo y colócalas en una bandeja para el horno cubierta con papel de hornear.

4. Los rábanos. Corta las hojas, lávalas con abundante agua y añádelas a la olla con las hojas de zanahoria. Lava los rábanos, sécalos y guárdalos en una fiambrera.

5. La lechuga. Arranca las hojas con las manos (nunca utilices un cuchillo de acero inoxidable para la lechuga, porque las hojas se oxidarían) y lávala 3 veces sumergiéndola en agua. Escúrrela bien y guárdala en una bolsita.

6. El cilantro. Lávalo con agua, sécalo y córtalo fino.

7. El cebollino. Lávalo con agua, sécalo y córtalo fino.

8. Las cabezas de ajo. Pártelas por la mitad, a lo ancho.

9. Los limones. Ralla y exprime 1 limón. Corta el otro en rodajas.

10. La piña. Quita la piel y corta la piña en rodajas finas. Vierte el zumo de limón en una fiambrera y añade las rodajas de piña. Espolvoréalas con ralladura de limón.

11. Los aguacates. Corta los aguacates por la mitad y pon la pulpa en un cuenco. Vierte el zumo de limón para que no se oxide. Añade una pizca de pimentón, sal, pimienta negra y todo el cilantro. Aplástalo con un tenedor. Guarda el guacamole en una fiambrera.

Empieza las cocciones y las preparaciones.

12. Las verduras al horno. Pon las cabezas de ajo partidas por la mitad en la bandeja del horno con las zanahorias. Salpimiéntalas, añade tomillo fresco y aceite de oliva. Hornéalas durante 1 hora una vez que hayas terminado con el boniato, o a la vez, si todavía no está cocido. Reserva media cabeza de ajo asada y guarda las verduras en una fiambrera.

13. La espelta pequeña. Cuécela siguiendo las indicaciones del paquete. Escúrrela y guarda la mitad en una fiambrera en la nevera.

14. Las pechugas de pollo. Llena de agua una olla grande, añade 1 chorro de vinagre, 1 pellizco de sal, pimienta negra y 3 ramitas de tomillo. Sumerge las pechugas de pollo y, cuando el agua empiece a

borbotear, cuécelas durante 10 minutos, escúrrelas y guárdalas en una fiambrera.

15. La crema de verduras. Coge la olla con las hojas de zanahoria y de rábanos, añade los dados de boniato, 1 pellizco de pimentón, sal y pimienta negra y cúbrelo todo con agua. Llévalo a ebullición y déjalo cocer entre 15 y 20 minutos. Reserva unos cuantos dados de boniato en un plato. Añade a la preparación el ajo confitado y tritúralo todo hasta obtener una crema de verduras. Pruébala y rectifica de sal. Viértela en una fiambrera grande y añade los dados de boniato y el resto de la espelta pequeña.

16. La dorada. Coloca la dorada en una fuente grande, añádele sal, pimienta negra, tomillo fresco, rodajas de limón y un buen chorro de aceite de

oliva. Hornéala durante 20 minutos. Deja que se enfríe.

17. La vinagreta. En un tarro, mezcla 2 cucharadas soperas de mostaza, 4 cucharadas soperas de vinagre, 9 cucharadas soperas de aceite de oliva, 1 pellizco de flor de sal y pimienta negra. Emulsiónala bien.

18. El tarro de flor de sal con tomillo fresco. En un tarro, vierte 1 cucharada sopera de flor de sal y añade las flores que hayas arrancado de 2 ramitas de tomillo fresco.

¡Todo listo! Deja que se enfríe.

Guarda en la nevera
- **las verduras asadas** (se conservan durante 4 días);

- **la espelta pequeña** (se conserva durante 3 días);

- **los rábanos** (se conservan durante 5 días);

- **la lechuga** (se conserva durante 5 días);

- **la verdolaga** (se conserva durante 5 días);

- **la piña** (se conserva durante 3 días);

- **el guacamole** (se conserva durante 2 días);

- **las pechugas de pollo** (se conservan durante 3 días);

- **la vinagreta** (se conserva durante 5 días);

- **las bolsitas de hierbas aromáticas** (se conservan durante 6 días).

Guarda en el congelador
- **la crema de verduras** (se conserva durante 2 meses);

- **la dorada** (se conserva durante 2 meses);

- **el boniato** (se conserva durante 2 meses).

¿Qué debes hacer antes de

Menú #2

Lunes

Plato principal
Pechugas de pollo rellenas de guacamole con una ensalada de lechuga y verdolaga

Postre
Carpaccio de piña con ralladura de limón

Tiempo de recalentamiento:
entre 8 y 10 minutos

Ingredientes: las pechugas de pollo, el guacamole, las bolsitas de lechuga y verdolaga, la vinagreta y el *carpaccio* de piña
En una sartén, calienta las pechugas de pollo con un chorrito de aceite de oliva. Córtalas por la mitad, longitudinalmente, y rellénalas de guacamole.
En una ensaladera, vierte la mitad de la vinagreta, la mitad de la verdolaga y un buen puñado de lechuga.

Tiempo de recalentamiento:
10 minutos

Martes

Zanahorias y ajo confitados al horno con tomillo, espelta pequeña y aceite de oliva

Ingredientes: las verduras asadas, la espelta pequeña, el cebollino y aceite de oliva
En una sartén grande, calienta a fuego suave las zanahorias y el ajo confitados y la espelta pequeña con un buen chorro de aceite de oliva, removiendo de vez en cuando. Salpimienta, si es necesario, y espolvoréalo todo con cebollino.

Estas indicaciones son las ideales si has preparado el menú para cenar en casa. Pero si has cocinado para comer al día siguiente en el trabajo, en general bastará con que ultimes la preparación la noche antes y calientes la comida en el microondas de la oficina.

servir?

Tiempo de preparación:
6 minutos
Tiempo de cocción:
10 minutos

Miércoles

Entrante
Rábanos con flor de sal y tomillo fresco

Plato principal
Tortilla de verdolaga y queso de cabra fresco con lechuga

Ingredientes: los rábanos, el tarro de flor de sal con tomillo, los huevos, el resto de la verdolaga, el queso de cabra fresco, el cebollino, la lechuga, el resto de la vinagreta, aceite de oliva, sal y pimienta negra

En un cuenco, casca los huevos, añade 2 cucharadas soperas de agua y bátelos bien. Salpimienta y añade la verdolaga. Corta el queso de cabra fresco en láminas. En una sartén, vierte el aceite de oliva y la preparación anterior. Prepara la tortilla a tu gusto y sírvela en una fuente, junto con el queso de cabra y el cebollino.

En una ensaladera, vierte la vinagreta y añade la lechuga.

Saca del congelador la dorada y el boniato y déjalos en la nevera para el día siguiente.

Jueves

Dorada con tomillo fresco y limón al horno, acompañada de boniato asado con piel

Tiempo de recalentamiento:
10 minutos

Ingredientes: la dorada, el boniato y aceite de oliva

Precalienta el horno a 180 °C (t. 6) y hornea la dorada y el boniato durante 15 minutos. Sírvelos con un chorrito de aceite de oliva.

Saca del congelador la crema de verduras y déjala en la nevera para el día siguiente.

Tiempo de recalentamiento:
10 minutos

Viernes

Crema de hojas de zanahoria y rábanos, dados de boniato y espelta pequeña

Ingredientes: la crema de verduras, el cebollino y aceite de oliva

En una olla, vierte la crema de verduras y caliéntala a fuego suave durante 10 minutos. Sírvela con un chorrito de aceite de oliva y el cebollino restante.

Menú

Menú #3

Lunes

Plato principal
Crema de nabos morados con miel y nueces tostadas
Postre
Arroz redondo con leche de almendras y almendras tostadas

Martes

Asado de cerdo, peras y nabos morados con romero

Miércoles

Plato principal
Risotto de hojas de acelga con escamas de parmesano
Postre
Compota de pera con miel

Jueves

Jamón cocido y pencas de acelga gratinados
con nuez moscada y canónigos

Viernes

Espaguetis integrales con pesto de canónigos, nueces y parmesano

Lista de la compra

Verduras/Fruta

8 nabos morados grandes

4 patatas

2 manojos de acelgas

10 peras

1 bolsa grande de canónigos y 1 de rúcula

Carne

lomo de cerdo para 4 personas

8 lonchas de jamón cocido

Lácteos

20 cl de nata líquida

50 cl de nata líquida ligera

1 trozo de parmesano

Varios

500 g de arroz blanco redondo

1 l de leche de almendras

20 g de almendras laminadas

200 g de nueces

500 g de espaguetis integrales

Despensa básica

1 ramillete de hierbas aromáticas

2 pastillas de caldo de verduras

aceite de oliva

sal

pimienta negra

nuez moscada

miel

romero

Antes de empezar

1. Si tienes suficiente espacio, saca todos los ingredientes que vas a utilizar en la sesión de cocina, menos los espaguetis. Así lo tendrás todo a mano y no perderás tiempo buscando los ingredientes.
2. Saca también todos los utensilios necesarios:
* 1 tabla de cortar
* 1 pelador
* 1 trapo limpio
* 2 bandejas para el horno
* 1 cazuela
* 3 ollas grandes (o 1 que tendrás que lavar en cuanto termines de cocer los alimentos)
* 1 sartén
* 1 hervidor eléctrico
* 1 vaporera
* 1 batidora de mano (o 1 licuadora)
* 7 recipientes: 1 fiambrera grande (o 4 vasitos) para el arroz con leche de almendras, 1 fiambrera grande para la crema de verduras y 1 para el *risotto*; 1 fiambrera mediana para la compota de pera; 3 fiambreras pequeñas (o 3 tarros) para el pesto, las almendras y las nueces
* 1 bolsita para los canónigos
* film alimentario, papel de horno, papel de cocina y papel de aluminio

¡A cocinar durante 2 horas!

Precalienta el horno a 180 ºC (t. 6).
Prepara la fruta y la verdura.

1. Los nabos morados. Pela los nabos y córtalos en cuatro trozos. Pon 4 en una olla y reserva el resto.

2. Las patatas. Pélalas y córtalas en rodajas. Ponlas en la olla junto con los nabos morados.

3. Las acelgas. Lávalas con abundante agua y separa la parte verde de las pencas. Corta en trocitos las hojas y cuece las pencas en una vaporera o en una olla con agua hirviendo y un poco de sal durante 10 minutos. Deja que se enfríen.

4. Las peras. Pélalas. Corta 6 en trozos y ponlas directamente en una olla con un poco de agua y 1 cucharada sopera de miel. Guarda las otras 4 peras enteras.

Empieza las cocciones y las preparaciones.

5. La compota de pera. Tapa la olla con las peras y cuécelas durante 10 minutos. Ve removiendo para que no se peguen. Viértela en un recipiente.

6. El asado de cerdo. Pon el cerdo en una bandeja grande para el horno y coloca alrededor las 4 peras restantes partidas por la mitad y 4 nabos morados troceados. Vierte un chorrito de aceite de oliva sobre todos los ingredientes y espolvoréalos con sal, pimienta negra y romero. Añade 1 vasito de agua para que el asado quede más jugoso.

Hornéalo durante 30 minutos. A media cocción, mézclalo bien y riégalo con abundante jugo. Deja que se enfríe antes de cubrirlo con film alimentario.

7. La crema de verduras. Ralla 1 pastilla de caldo de verduras encima del contenido de la olla, añade el ramillete de hierbas aromáticas y cúbrelo todo con agua. Salpimiéntalo. Hiérvelo durante 20 minutos con la tapa puesta. Tritúralo hasta obtener una textura de crema, vierte 20 centilitros de nata líquida, pruébalo y, si es necesario, rectifica de sal. Vuelca la crema en una fiambrera.

8. El gratinado. Enrolla las pencas de acelga cocidas con jamón cocido y pon los rollitos uno junto al otro en la bandeja para gratinar. Sazónalos con pimienta negra y un poco de nuez moscada.

Vierte la nata líquida ligera y ralla un poco de parmesano encima. Hornéalos durante 10 minutos. Deja que se enfríen antes de cubrirlos con film alimentario.

9. El *risotto*. Pon a hervir 1 litro de agua. En una cazuela grande, dora a fuego suave la parte verde de las acelgas con un chorro de aceite de oliva. Añade unos 300 gramos de arroz redondo y mézclalo todo hasta que esté traslúcido. Ralla encima 1 pastilla de caldo de verduras y vierte el agua hirviendo. Cuécelo, añadiendo agua a medida que el arroz la absorba. Deja que se enfríe antes de guardarlo en una fiambrera. Espolvoréalo con escamas de parmesano hechas con un pelador.

10. El arroz con leche de almendras. En una olla, vierte la leche de almendras y llévala a ebullición. Añade 2 cucharadas soperas de miel líquida y el arroz redondo restante. Hiérvelo a fuego muy suave durante 20 minutos, mezclando regularmente. Deja que se enfríe.

11. Las almendras tostadas. En una sartén sin aceite, tuesta las almendras durante 2 minutos. Guárdalas en un tarrito.

12. Las nueces. Tuesta las nueces de la misma forma que las almendras. Guarda unas cuantas en un tarrito para decorar la crema de verduras. Pon el resto en el vaso de la batidora de mano.

13. El pesto de nueces. Añade ¾ del paquete de canónigos y el resto del parmesano en el vaso de la batidora de mano con las nueces. Vierte aceite de oliva y tritúralo, añadiendo más aceite hasta que obtengas una textura de pesto. Pruébalo y salpiméntalo, si es necesario. Viértelo en una fiambrera.

¡Todo listo! Deja que se enfríe.

Guarda en la nevera
- la compota de pera con miel (se conserva durante 4 días);

- el asado de cerdo (se conserva durante 4 días);

- la crema de verduras (se conserva durante 4 días);

- el risotto (se conserva durante 4 días);

- el arroz con leche de almendras (se conserva durante 6 días);

- las almendras tostadas (se conservan durante 6 días);

- las nueces tostadas (se conservan durante 6 días);

- el pesto (se conserva durante 6 días);

- la bolsita de canónigos y rúcula (se conserva durante 4 días).

Guarda en el congelador
- el gratinado (se conserva durante 2 meses).

¿Qué debes hacer antes de

Menú #3

Lunes

Plato principal
Crema de nabos
morados con miel
y nueces tostadas

Postre
Arroz redondo con
leche de almendras
y almendras tostadas

Tiempo de preparación:
2 minutos
Tiempo de recalentamiento:
10 minutos

Ingredientes: la crema de verduras, las nueces, miel, pimienta negra, el arroz con leche de almendras y las almendras tostadas
Vierte la crema de nabos en una olla y caliéntala a fuego suave durante 10 minutos.
Sirve la crema en cuencos, añade pimienta negra, nueces y un poco de miel.
Pon las almendras tostadas encima del arroz con leche de almendras.

Tiempo de recalentamiento:
15 minutos

Martes

Asado de cerdo, peras
y nabos morados con
romero

Ingredientes: el asado de cerdo, peras y nabos
Precalienta el horno a 180 °C (t. 6), tapa el asado con papel de aluminio, vierte un poco de agua en el fondo de la bandeja, si te parece que está seco, y hornéalo durante 15 minutos.

Miércoles

Plato principal
Risotto de hojas de
acelga con escamas
de parmesano

Postre
Compota de pera
con miel

Tiempo de recalentamiento:
10 minutos

Ingredientes: el *risotto*, aceite de oliva, pimienta negra y la compota de pera con miel
En una olla, calienta el *risotto* a fuego suave. Si es necesario, vierte un poco de agua. Antes de servirlo añade un chorrito de aceite de oliva y pimienta negra.
Saca la compota de pera de la nevera un rato antes de comerla.
Saca el gratinado del congelador y déjalo en la nevera para el día siguiente.

Jueves

Jamón cocido y pencas de acelga gratinados con nuez moscada y canónigos

Tiempo de recalentamiento:
15 minutos

Ingredientes: el gratinado y los canónigos restantes
Precalienta el horno a 180 °C (t. 6) y hornea el gratinado.
Espolvoréalo con canónigos antes de servirlo.

Tiempo de preparación:
2 minutos
Tiempo de cocción:
10 minutos

Viernes

Espaguetis integrales con pesto de canónigos, nueces y parmesano

Ingredientes: los espaguetis integrales, el pesto, las nueces, aceite de oliva, sal y pimienta negra
Hierve los espaguetis siguiendo las indicaciones del paquete. Escúrrelos y vuélcalos en una fuente grande. Añade el pesto, un poco de aceite de oliva, si es necesario, y pimienta negra. Mézclalo bien y sírvelo.

Estas indicaciones son las ideales si has preparado el menú para cenar en casa. Pero si has cocinado para comer al día siguiente en el trabajo, en general bastará con que ultimes la preparación la noche antes y calientes la comida en el microondas de la oficina.

Menú

Menú #4 | Cesta de la compra

Menú #4

Lunes

Bowl de fresas, rúcula, queso fresco, jamón serrano, piñones y quinoa

Martes

Plato principal
Salmón en papillote sobre un lecho de espinacas y rodajas de calabacín al dente
Postre
Fresas con flor de azahar

Miércoles

Tarta rústica de guisantes, queso fresco y menta, servida con rúcula y mézclum

Jueves

Calabacines rellenos al horno con quinoa

Viernes

Plato principal
Crema de rúcula y calabacín con chips de jamón serrano
Postre
Compota de ruibarbo y fresas con miel

Lista de la compra

Verduras/Fruta

600 g de fresas

1 kg de ruibarbos

500 g de rúcula

9 calabacines medianos

2 limones

1 manojo de menta

1 bolsita de espinacas *baby*

350 g de guisantes (frescos o congelados)

1 bolsita de mézclum

Carne/Pescado

600 g de carne picada

4 lomos de salmón

16 lonchas de jamón serrano

Lácteos

500 g de queso fresco

1 yogur de oveja

Varios

1 masa de hojaldre

500 g de quinoa

30 g de piñones

Despensa básica

aceite de oliva

vinagre

mostaza en grano

tomillo

sal

pimienta negra

miel

flor de azahar

azúcar

Antes de empezar

1. Si tienes suficiente espacio, saca todos los ingredientes que vas a utilizar en la sesión de cocina, menos 12 lonchas de jamón serrano y 1 limón. Así lo tendrás todo a mano y no perderás tiempo buscando los ingredientes.
2. Saca también todos los utensilios necesarios:
* 1 tabla de cortar
* 1 pelador
* 1 trapo limpio
* 1 bandeja para el horno
* 2 fuentes para el horno
* 3 ollas grandes (o 1 que tendrás que lavar en cuanto termines de cocer los alimentos)
* 1 sartén
* 1 batidora de mano (o 1 licuadora)
* 1 escurridor de ensalada
* 11 recipientes: 3 fiambreras grandes para las papillotes, los calabacines rellenos y la crema de verduras; 5 fiambreras medianas para las fresas con flor de azahar, la compota, la quinoa, las fresas naturales y el queso fresco; 3 fiambreras pequeñas para las chips de jamón serrano, la vinagreta de limón y los piñones tostados
* 2 bolsitas para la menta y la rúcula
* film alimentario, papel de horno y papel de cocina

¡A cocinar durante 2 horas!

Precalienta el horno a 180 °C (t. 6).
Prepara la fruta y la verdura.

1. Las fresas. Corta las hojas verdes y parte las fresas más grandes en dos o cuatro trozos.

2. Los ruibarbos. Lávalos con abundante agua, corta la punta de los tallos, quítales los hilos y luego córtalos en trocitos. Ponlos en una olla grande.

3. La rúcula. Lávala con abundante agua y escúrrela bien para que se conserve mejor.

4. Los calabacines. Lávalos y córtales las puntas. Corta 3 calabacines en rodajas finas para las papillotes. Corta 4 por la mitad, longitudinalmente, y haz un ligero hueco en la pulpa con una cucharita

para el relleno. Corta los últimos 2 calabacines en rodajas medianas para la crema de verduras.

5. El limón. Corta 1 limón por la mitad y exprímelo. Reserva el otro.

6. El manojo de menta. Lávalo con abundante agua y sécalo bien. Arranca las hojas.

Empieza las cocciones y las preparaciones .

7. Las papillotes de salmón. Corta 4 trozos de papel de horno y forma un lecho con las rodajas finas de calabacín y las espinacas *baby*. Coloca encima los lomos de salmón, vierte un poco de zumo de limón, añade sal, pimienta negra y tomillo. Cierra bien las papillotes y hornéalas durante 15 minutos. Deja que se enfríen.

8. La tarta rústica. Extiende la masa de hojaldre en la bandeja para el horno sin quitar el papel. En un cuenco, pon la mitad del queso fresco (conserva el resto en una fiambrera y guárdala en la nevera para el lunes), añade 1 yogur de oveja, 1 cucharada sopera de mostaza en grano, 1 chorro de aceite de oliva, sal, pimienta negra y 3 hojas de menta cortadas en trocitos. Mézclalo todo bien y repártelo sobre la masa de hojaldre. Añade los guisantes, hundiéndolos ligeramente en el queso fresco, y enrolla un poco los bordes de la masa hacia el centro. Vierte un chorrito de aceite de oliva y hornea la tarta rústica durante 20 minutos. Deja que se enfríe antes de cubrirla con film alimentario.

9. La quinoa. Cuécela siguiendo las indicaciones del paquete. Pon en un cuenco 4 cucharadas

soperas de quinoa, guarda la mitad en una fiambrera y reserva el resto.

10. Los calabacines rellenos. Reparte la carne picada por encima de los calabacines partidos por la mitad. En una fuente para el horno, forma un lecho de quinoa y coloca los calabacines rellenos, uno junto al otro. Vierte un chorrito de aceite de oliva y espolvoréalos con hojas de menta. A continuación, hornéalos entre 30 y 35 minutos. Deja que se enfríen antes de guardarlos en una fiambrera.

11. La crema de rúcula y calabacín. En una olla grande, pon ¾ de la rúcula y las rodajas de calabacín, bien cubiertas de agua. Hiérvelas a fuego suave durante 15 minutos. Salpimiéntalas, añade 4 hojas de menta y tritúralas. Añade las 4 cucharadas de quinoa y vierte la crema en una fiambrera.

12. La compota de ruibarbo y fresa. Añade a la olla con el ruibarbo un poco de agua, 3 cucharadas soperas de miel y 6 fresas. Hiérvelo entre 10 y 12 minutos, removiendo de vez en cuando para que no se pegue.

13. Las fresas con flor de azahar. Pon ¾ de las fresas restantes en una fiambrera, vierte la mitad del zumo de limón, 1 cucharadita de flor de azahar y azúcar a tu gusto. Mézclalo bien. Guarda el resto de las fresas en una fiambrera en la nevera.

14. Los piñones. En una sartén sin aceite, tuesta los piñones durante 2 minutos. Guárdalos en una fiambrera o en un tarrito.

15. Las chips de jamón serrano. En una sartén sin aceite, calienta las lonchas de jamón serrano (menos 3, que debes guardar para el *bowl*) hasta que estén crujientes. Deja que se enfríen sobre papel de cocina y guárdalas en una fiambrera.

16. La vinagreta de limón. En un tarro, mezcla el zumo de limón restante con 4 cucharadas soperas de aceite de oliva, vinagre, sal y pimienta negra.

17. Guarda la menta y la rúcula restantes en unas bolsitas.

¡Todo listo! Deja que se enfríe.

Guarda en la nevera
- las papillotes de salmón (se conservan durante 3 días);

- la tarta rústica (se conserva durante 3 días);

- la quinoa (se conserva durante 3 días);

- las fresas (se conservan durante 2 días);

- las fresas con flor de azahar (se conservan durante 2 días);

- las chips de jamón serrano (se conservan durante 6 días);

- la vinagreta de limón (se conserva durante 6 días);

- los piñones tostados (se conservan durante 6 días);

- las bolsitas de menta y rúcula (se conservan durante 6 días).

Guarda en el congelador
- los calabacines rellenos (se conservan durante 2 meses);

- la crema de rúcula y calabacín (se conserva durante 2 meses);

- la compota de ruibarbo y fresas (se conserva durante 2 meses).

Menú #4

Lunes

***Bowl* de fresas, rúcula, queso fresco, jamón serrano, piñones y quinoa**

Tiempo de preparación:
10 minutos

Ingredientes: la quinoa, la rúcula, las fresas, 3 lonchas de jamón serrano, el queso fresco, los piñones y la vinagreta de limón
Reparte la quinoa en cuencos o platos hondos. Añade un puñado de rúcula, fresas, las lonchas de jamón serrano enrolladas y un poco de queso fresco y espolvoréalo todo con piñones. Vierte un poco de vinagreta en cada porción.

Tiempo de recalentamiento:
10 minutos

Martes

Plato principal
Salmón en papillote sobre un lecho de espinacas y rodajas de calabacín al dente

Postre
Fresas con flor de azahar

Ingredientes: las papillotes de salmón, 1 limón y las fresas con flor de azahar
Precalienta el horno a 180 °C (t. 6) y hornea las papillotes durante 10 minutos. Corta el limón en cuartos y sírvelo en la misma fuente.
Saca las fresas con flor de azahar de la nevera justo antes de sentarte a la mesa y sírvelas de postre.

Miércoles

Tarta rústica de guisantes, queso fresco y menta, servida con rúcula y mézclum

Tiempo de recalentamiento:
15 minutos

Ingredientes: la tarta, el mézclum, la rúcula y aceite de oliva
Precalienta el horno a 180 °C (t. 6) y hornea la tarta durante 15 minutos. Espolvoréala con mézclum y rúcula y aderézala con un chorrito de aceite de oliva.
Saca los calabacines rellenos del congelador y déjalos en la nevera para el día siguiente.

servir?

Jueves

Calabacines rellenos al horno con quinoa

Tiempo de recalentamiento:
15 minutos

Ingredientes: los calabacines rellenos
Precalienta el horno a 180 °C (t. 6) y hornea los calabacines rellenos durante 15 minutos.
Saca del congelador la crema de verduras y la compota y déjalas en la nevera para el día siguiente.

Tiempo de recalentamiento:
10 minutos

Viernes

Plato principal
Crema de rúcula y calabacín con chips de jamón serrano

Postre
Compota de ruibarbo y fresas con miel

Ingredientes: la crema de rúcula y calabacín, las chips de jamón serrano, la rúcula, aceite de oliva y la compota de ruibarbo y fresas
Vierte la crema de verduras en una olla y caliéntala a fuego suave. Sírvela en platos hondos, añade las chips de jamón serrano, un poco de rúcula y aceite de oliva.
Saca la compota de la nevera un rato antes de comerla.

Estas indicaciones son las ideales si has preparado el menú para cenar en casa. Pero si has cocinado para comer al día siguiente en el trabajo, en general bastará con que ultimes la preparación la noche antes y calientes la comida en el microondas de la oficina.

Verano

Menú

Menú #1

Lunes

Plato principal
Judías verdes crujientes con atún claro, perejil, aceitunas, tomate y huevo duro, acompañadas de pan integral tostado con ajo
Postre
Crema de frutos rojos con menta

Martes

Pechugas de pollo al estilo *tandoori, skyr* con pepino e hinojo y berenjenas asadas

Miércoles

Gazpacho con menta, acompañado de pan integral tostado con queso fresco a las finas hierbas

Jueves

Lubina asada con hinojo, berenjena y tomate

Viernes

Entrante
Ensalada con ajo
Plato principal
Flan de judías verdes, *feta* y hierbas aromáticas

Lista de la compra

Verduras/Fruta

6 berenjenas

2 cebollas moradas

1 manojo de perejil

1 manojo de menta

2 hinojos grandes con las hojas

10 tomates grandes muy maduros

1 pepino

1 limón

1 cabeza de ajo

500 g de judías verdes (frescas o congeladas)

500 g de frutos rojos variados

1 bolsita de ensalada (para el viernes)

Carne/Pescado

4 pechugas de pollo de corral

1 lubina grande

Lácteos

4 yogures de estilo *skyr*

20 cl de nata fresca

1 bloque de *feta*

1 queso de cabra fresco

Varios

12 huevos ecológicos

400 g de filetes de atún claro en lata o en tarro

1 tarro de aceitunas variadas con ajo o limón

1 pan integral cortado (para el lunes y el miércoles)

Despensa básica

aceite de oliva

vinagre

sal

pimienta negra

especias *tandoori*

garam masala

pimentón

tabasco

tomillo

azúcar

Antes de empezar

1. Si tienes suficiente espacio, saca todos los ingredientes que vas a utilizar en la sesión de cocina, menos el pan, el atún, el queso fresco, las aceitunas y la ensalada. Así lo tendrás todo a mano y no perderás tiempo buscando los ingredientes.
2. Saca también todos los utensilios necesarios:

* 1 tabla de cortar
* 1 pelador
* 1 trapo limpio
* 1 bandeja para el horno
* 1 fuente para el horno
* 3 ollas grandes (o 1 que tendrás que lavar en cuanto termines de cocer los alimentos)
* 1 vaporera
* 1 molde de bizcocho
* 1 batidora de mano (o 1 licuadora)
* 8 recipientes: 4 fiambreras grandes para el gazpacho, las berenjenas, el pollo y la crema de frutos rojos; 3 fiambreras medianas para las judías verdes, los huevos y el *skyr* con pepino e hinojo; 1 tarrito para la vinagreta de ajo
* 3 bolsitas para el ajo, el perejil y la menta
* film alimentario, papel de horno y papel de cocina

¡A cocinar durante 2 horas!

Precalienta el horno a 180 ºC (t. 6).
Prepara la fruta y la verdura.

1. Las berenjenas. Lávalas, córtales las puntas y luego pártelas por la mitad, longitudinalmente. Con un cuchillo, haz unos cortes alargados en la carne para que se cuezan más deprisa. Sazónalas con aceite de oliva, sal, pimienta negra y tomillo. Hornéalas entre 40 y 45 minutos para no perder tiempo. Guárdalas en una fiambrera.

2. Las cebollas moradas. Pélalas y pícalas.

3. El perejil. Lávalo, sécalo y córtalo fino.

4. La menta. Lávala, sécala y arranca las hojas.

5. Los hinojos. Lávalos y quítales el tronco y las hojas antes de cortarlos finos. Luego corta los bulbos en 6 trozos.

6. Los tomates. Lávalos con abundante agua y quítales los pedúnculos. Córtalos en 4 trozos, vierte el jugo que suelten en el vaso de la batidora de mano y añade el equivalente a 6 tomates.

7. El pepino. Lávalo con agua, corta un trozo de 5 centímetros y este en daditos. Corta el resto como quieras y añade esos trozos al vaso de la batidora de mano, junto con los tomates.

8. El limón. Exprímelo.

9. La cabeza de ajo. Pela los dientes de ajo, reserva 1 entero y pica los demás.

Empieza las cocciones y las preparaciones.

10. Las judías verdes. Cuécelas al vapor entre 15 y 20 minutos, hasta que estén al dente. Ponlas debajo del grifo de agua fría y escúrrelas. Guarda unos 300 gramos en una fiambrera.

11. El pollo al estilo _tandoori_. Prepara la marinada. En un cuenco, vuelca 2 yogures, añade el zumo de limón, 1 cucharadita de ajo picado, 1 cucharada sopera de especias _tandoori_, 1 cucharadita de _garam masala_ y 1 cucharadita de pimentón. Mézclalo bien. Corta las pechugas de pollo por la mitad, ponlas en un plato y vierte la marinada. Déjalo reposar.

12. La lubina con hinojo y tomate. Cubre una bandeja para el horno con papel de hornear. En el centro, coloca la lubina y, alrededor, el hinojo y

el equivalente a 2 tomates cortados en cuartos. Espolvoréalo todo con ajo y 1 cebolla morada picada. Vierte un chorrito de aceite de oliva sobre el pescado y las verduras. Salpimiéntalo y añade tomillo. Hornéalo entre 30 y 35 minutos. Deja que se enfríe, envuelve la lubina con film alimentario y guarda las verduras en una fiambrera, junto con 4 mitades de berenjena.

13. Los huevos. En una olla con agua hirviendo, cuece 6 huevos durante 6 minutos. Ponlos debajo del grifo de agua fría, pélalos con cuidado y guárdalos en una fiambrera.

14. El gazpacho. En el vaso de la batidora de mano con los tomates y el pepino, añade el resto de la cebolla morada, 1 cucharadita de ajo picado, 1 puñado de perejil, 3 o 4 hojas de menta, sal, pimienta negra, unas gotas de Tabasco® y un buen chorro de aceite de oliva. Tritúralo todo y añade un poco de agua para que sea más líquido. Pruébalo, rectifica de sal y guárdalo en una fiambrera.

15. El flan. En el vaso de la batidora de mano, pon las judías verdes, 1 puñado de perejil, 6 huevos y la nata. Tritúralo un poco, dejando trozos, y añade la *feta*, 4 hojas de menta, sal y pimienta negra. Vuelve a triturarlo un momento. Viértelo en el molde de bizcocho y hornéalo durante 20 minutos. Deja que se enfríe.

16. La crema de frutos rojos. En una olla grande, pon los frutos rojos cubiertos de agua y 1 cucharada sopera de azúcar. Llévalos a ebullición y cuécelos durante 5 minutos. Tritúralos. Vierte la crema en una fiambrera.

17. El *skyr* con pepino e hinojo. En un cuenco, vierte los últimos 2 botes de *skyr*, añade el pepino en dados y el hinojo picado. Salpimiéntalo y añade un chorrito de aceite de oliva. Mézclalo bien.

18. La vinagreta con ajo. En un cuenco, pon 1 cucharadita de ajo picado, 1 cucharada sopera de vinagre, 3 cucharadas soperas de aceite de oliva, 1 pellizco de sal y otro de pimienta negra. Emulsiónalo bien. Vierte la vinagreta en un tarro y guárdala en la nevera.

19. El pollo al estilo *tandoori* (cocción). En una sartén, cuece las pechugas de pollo. Guárdalas en una fiambrera.

20. El ajo, el perejil y la menta. Guárdalos por separado en bolsitas.

¡Todo listo! Deja que se enfríe.

Guarda en la nevera
- los huevos (se conservan durante 6 días);

- las judías verdes (se conservan durante 4 días);

- el pollo al estilo *tandoori* (se conserva durante 3 días);

- las berenjenas (se conservan durante 3 días);

- el *skyr* con pepino e hinojo (se conserva durante 4 días);

- la crema de frutos rojos (se conserva durante 3 días);

- el tarro de vinagreta con ajo (se conserva durante 6 días);

- las bolsitas de ajo, perejil y menta (se conservan durante 6 días).

Guarda en el congelador
- la lubina (se conserva durante 2 meses);

- las verduras de guarnición de la lubina (se conservan durante 2 meses);

- el gazpacho con menta (se conserva durante 2 meses);

- el flan (se conserva durante 2 meses).

Menú #1

Lunes

Plato principal
Judías verdes crujientes con atún claro, perejil, aceitunas, tomate y huevo duro, acompañadas de pan integral tostado con ajo

Postre
Crema de frutos rojos con menta

Tiempo de preparación:
10 minutos

Ingredientes: 4 rebanadas de pan integral, 1 diente de ajo, las judías verdes, los filetes de atún claro, las aceitunas, los tomates, los huevos duros, perejil, aceite de oliva, sal, pimienta negra, la crema de frutos rojos y 4 hojas de menta
Tuesta el pan y frótalo con el diente de ajo.
En una fuente grande, pon las judías verdes, el atún claro, las aceitunas, los tomates y los huevos duros, espolvoréalo todo con perejil fresco y añade un chorrito de aceite de oliva. Salpimiéntalo.
Vierte la crema de frutos rojos en copas y añade 1 hojita de menta en cada una.

Tiempo de recalentamiento:
10 minutos

Martes

Pechugas de pollo al estilo *tandoori, skyr* con pepino e hinojo y berenjenas asadas

Ingredientes: las pechugas de pollo, el *skyr* con pepino e hinojo y las berenjenas asadas
En una sartén grande, calienta las pechugas de pollo y las berenjenas. Sírvelas acompañadas del *skyr* con pepino e hinojo.
Saca el gazpacho del congelador y déjalo en la nevera para el día siguiente.

Estas indicaciones son las ideales si has preparado el menú para cenar en casa. Pero si has cocinado para comer al día siguiente en el trabajo, en general bastará con que ultimes la preparación la noche antes y calientes la comida en el microondas de la oficina.

servir?

Miércoles

Gazpacho con menta, acompañado de pan integral tostado con queso fresco a las finas hierbas

Ingredientes: el gazpacho, 4 rebanadas de pan integral, el queso de cabra fresco, aceite de oliva, sal, pimienta negra, perejil y menta
Remueve bien el gazpacho. Tuesta las rebanadas de pan. Corta el queso de cabra fresco en lonchas y colócalas sobre las rebanadas de pan. Añade menta y perejil, un chorrito de aceite de oliva, sal y pimienta negra.
Saca del congelador la lubina y la fiambrera con las verduras de guarnición y déjalas en la nevera para el día siguiente.

Jueves

Lubina asada con hinojo, berenjena y tomate

Tiempo de recalentamiento:
15 minutos

Ingredientes: la lubina y las verduras
Precalienta el horno a 180 °C (t. 6). Coloca la lubina y las verduras en una bandeja para el horno cubierta con papel y hornéalas durante 15 minutos.
Saca el flan del congelador y déjalo en la nevera para el día siguiente.

Tiempo de preparación:
5 minutos

Viernes

Entrante
Ensalada con ajo

Plato principal
Flan de judías verdes, *feta* y hierbas aromáticas

Ingredientes: la vinagreta de ajo, la bolsita de ensalada, el flan y el perejil y la menta restantes
Vierte la vinagreta en una ensaladera y añade la ensalada verde. Desmolda el flan en una bandeja y espolvoréalo con perejil y hojas de menta.

Menú

Menú #2

Lunes

Entrante
Ensalada de calabacín crudo con limón y cilantro
Plato principal
Asado de buey con cebolla morada caramelizada

Martes

Tarta de tomate y ensalada de rúcula con orégano

Miércoles

Calamares con limón y pimentón, acompañados
de polenta cremosa

Jueves

Plato principal
Estofado de calabacín, tomate y ricota con orégano
Postre
Granizado de melón y miel

Viernes

Cuadraditos de polenta tostados con queso cremoso
y ensalada verde con perejil

Lista de la compra

Verduras/Fruta

10 cebollas moradas

10 tomates grandes muy maduros

8 calabacines

5 dientes de ajo (1 cabeza de ajo)

1 manojo de cilantro

1 manojo de perejil

2 melones

2 limones

1 manojo de orégano

1 bolsita de rúcula

1 bolsita de ensalada verde

Carne/Pescado

1 lomo de buey

1 kg de calamares (preparados por el pescadero)

Lácteos

250 g de ricota

125 g de *mozzarella* rallada

250 g de *mascarpone*

125 g de parmesano

Varios

1 masa de hojaldre

500 g de polenta

Despensa básica

aceite de oliva

vinagre

mostaza

pimentón

sal

pimienta negra

miel

Antes de empezar

1. Si tienes suficiente espacio, saca todos los ingredientes que vas a utilizar en la sesión de cocina, menos la ricota, la bolsita de ensalada verde y la de rúcula. Así lo tendrás todo a mano y no perderás tiempo buscando los ingredientes.

2. Saca también todos los utensilios necesarios:

* 1 tabla de cortar
* 1 pelador
* 1 trapo limpio
* 1 bandeja para el horno
* 1 fuente para el horno
* 1 fuente cuadrada
* 1 cazuela
* 2 ollas grandes (o 1 que tendrás que lavar en cuanto termines de cocer los alimentos)
* 1 sartén
* 1 batidora de mano (o 1 licuadora)
* 8 recipientes: 4 fiambreras grandes para la ensalada de calabacín crudo con limón y cilantro, la polenta cremosa, los calamares y el estofado de calabacín; 2 fiambreras medianas para los cuadraditos de polenta y el granizado de melón y miel; 2 tarritos para la vinagreta de orégano y la de perejil
* 2 bolsitas para el orégano y el perejil
* film alimentario, papel de horno y papel de cocina

¡A cocinar durante 2 horas!

Precalienta el horno a 180 °C (t. 6).
Prepara la fruta y la verdura.

1. La cebolla morada. Pélala. Corta 6 por la mitad y pica las otras 4.

2. Los tomates. Lávalos y quítales los pedúnculos. Corta 5 en rodajas y el resto en cuartos.

3. Los calabacines. Lávalos y quítales las puntas. Con el pelador, corta 3 en láminas y el resto en rodajas.

4. El ajo. Pela los dientes de ajo y pícalos.

5. El cilantro. Lávalo con agua, sécalo y córtalo fino.

6. El perejil. Lávalo con agua, sécalo y córtalo fino.

7. El melón. Parte los dos melones por la mitad, quítales las semillas y, con una cuchara, ve sacando la pulpa y ponla en el vaso de una batidora de mano para no perder el zumo.

8. Los limones. Exprímelos.

Empieza las cocciones y las preparaciones.

9. La tarta de tomate. Extiende la masa de hojaldre en la bandeja para el horno sin quitarle el papel. Úntala con mostaza, añade la *mozzarella* rallada y las rodajas de tomate. Salpimiéntala, vierte un chorrito de aceite de oliva y espolvoréala con orégano. Hornéala entre 25 y 30 minutos. Deja que se enfríe antes de taparla con film alimentario.

10. La ensalada de calabacín crudo con limón y cilantro. En una fiambrera, guarda el calabacín laminado, vierte el zumo de limón (pero guarda un poco para luego) y 2 cucharadas soperas de aceite de oliva. Añade todo el cilantro, sal y pimienta negra. Mézclalo bien.

11. El estofado de calabacín, tomate y ricota con orégano. En una cazuela, vierte un chorrito de aceite de oliva y 2 cebollas moradas picadas. Sofríelas durante 2 minutos, añade 1 cucharadita de ajo picado, los calabacines en rodajas y los tomates en cuartos. Rehógalo a fuego suave durante 20 minutos, removiendo de vez en cuando. Si es necesario, añade un poco de agua. Deja que se enfríe.

12. El asado de buey. En una fuente para el horno, pon el lomo de buey y, alrededor, las cebollas partidas por la mitad. Añade a la carne un poco de ajo picado y orégano. Vierte un poco de miel en la cebolla morada. Salpimiéntalo y añade un chorrito de aceite de oliva. Hornéalo durante 20 minutos. Deja que se enfríe antes de cubrir la fuente con film alimentario.

13. Los calamares. En una olla, vierte un buen chorro de aceite de oliva y sofríe el resto de la cebolla morada picada y el ajo picado durante unos minutos. Añade los calamares y dóralos por los dos lados. Desglásalos con un poco de zumo de limón, salpimiéntalos y echa un poco de pimentón y 3 cucharadas soperas de perejil. Mézclalo todo bien y vuélcalo en una fiambrera. Deja que se enfríe.

14. La polenta cremosa. En una olla grande, cuece la polenta siguiendo las indicaciones del paquete. Una vez lista, añade el *mascarpone*, el parmesano y pimienta negra a tu gusto. Vierte la mitad en una fiambrera y el resto en una fuente cuadrada. Deja que se enfríe. A continuación, corta en cuadraditos la polenta de la bandeja y guárdala en un recipiente.

15. El granizado de melón y miel. En el vaso de la batidora de mano con el melón, vierte el zumo de limón restante, añade 2 cucharadas soperas de miel y tritúralo. Vuélcalo en una fiambrera.

16. La vinagreta de orégano. En un tarro, vierte 1 cucharada sopera de vinagre y 3 cucharadas soperas de aceite de oliva, sal, pimienta negra y orégano. Mézclalo bien.

17. La vinagreta de perejil. En un tarro, mezcla 1 cucharadita de mostaza, 2 cucharadas soperas de vinagre, 4 cucharadas soperas de aceite de oliva, sal y pimienta negra. Emulsiónalo bien. Añade 1 cucharada sopera de perejil.

Guarda en bolsitas el perejil y el orégano restantes.

¡Todo listo! Deja que se enfríe.

Guarda en la nevera
- la ensalada de calabacín crudo con limón (se conserva durante 2 días);

- el asado de buey (se conserva durante 3 días);

- la tarta de tomate (se conserva durante 3 días);

- los calamares (se conservan durante 3 días);

- la polenta cremosa (se conserva durante 3 días);

- el tarro de vinagreta de orégano (se conserva durante 6 días);

- el tarro de vinagreta de perejil (se conserva durante 6 días);

- las bolsitas de orégano y de perejil (se conservan durante 6 días).

Guarda en el congelador

- el estofado de verduras (se conserva durante 2 meses);

- el granizado de melón y miel (se conserva durante 2 meses);

- los cuadraditos de polenta (se conservan durante 2 meses).

¿Qué debes hacer antes de

Menú #2

Lunes

Entrante
Ensalada de calabacín crudo con limón y cilantro

Plato principal
Asado de buey con cebolla morada caramelizada

Ni preparación ni cocción

Ingredientes: la ensalada de calabacín crudo con limón y cilantro, el asado de buey con cebolla morada caramelizada y mostaza
Corta el asado en lonchas y sírvelo frío acompañado de la cebolla caramelizada y de mostaza, al gusto.

Tiempo de recalentamiento: 10 minutos

Martes

Tarta de tomate y ensalada de rúcula con orégano

Ingredientes: la tarta de tomate, la rúcula y la vinagreta de orégano
Precalienta el horno a 180 °C (t. 6) y hornea la tarta durante 10 minutos.
Vierte la vinagreta de orégano en una ensaladera y añade la rúcula.

Miércoles

Calamares con limón y pimentón, acompañados de polenta cremosa

Tiempo de recalentamiento: 10 minutos

Ingredientes: los calamares con limón y pimentón, perejil y la polenta cremosa
En una sartén, calienta los calamares a fuego suave. En una olla, calienta la polenta. Si está demasiado compacta, añade agua.
Saca el estofado de verduras del congelador y déjalo en la nevera para el día siguiente.

Jueves

Plato principal
Estofado de calabacín, tomate y ricota con orégano

Postre
Granizado de melón y miel

Tiempo de preparación:
10 minutos
Tiempo de recalentamiento:
10 minutos

Ingredientes: el estofado de verduras, la ricota, el orégano, aceite de oliva, pimienta negra y el granizado de melón y miel
En una cazuela, calienta las verduras a fuego suave durante 10 minutos. Vuélcalas en una fuente. Corta la ricota en trocitos y añádela a las verduras, antes de sazonarlas con un chorrito de aceite de oliva, pimienta negra y orégano.
En el último momento, raspa el melón con un tenedor y sírvelo en copas o vasitos.
Saca los cuadraditos de polenta del congelador y déjalos en la nevera para el día siguiente.

Tiempo de cocción:
entre 5 y 8 minutos

Viernes

Cuadraditos de polenta tostados con queso cremoso y ensalada verde con perejil

Ingredientes: los cuadraditos de polenta, la ensalada verde, perejil, la vinagreta de perejil, aceite de oliva y pimienta negra
En una sartén, echa un chorrito de aceite de oliva y dora los cuadraditos de polenta por los dos lados.
En una ensaladera, vierte la vinagreta, añade la ensalada y el perejil restante.

Estas indicaciones son las ideales si has preparado el menú para cenar en casa. Pero si has cocinado para comer al día siguiente en el trabajo, en general bastará con que ultimes la preparación la noche antes y calientes la comida en el microondas de la oficina.

Menú

Menú #3

Lunes

Sardinas marinadas con aceite de oliva, limón y tomillo,
acompañadas de patatas al vapor

Martes

Entrante
Carpaccio de albaricoques con aceite de oliva
Plato principal
Verduras de verano asadas con *buffala* y albahaca

Miércoles

Cazuela de pollo con ajo, pan integral tostado y ensalada verde

Jueves

Plato principal
Crema de verduras de verano *all'arrabbiata* con daditos de pan tostado
Postre
Compota de albaricoque con tomillo fresco

Viernes

Pajaritas con brócoli al vapor, piñones tostados
y aceite de oliva afrutado

Lista de la compra

Verduras/Fruta

10 cabezas de ajo

500 g de patatas

1 manojo de albahaca

1 brócoli

12 albaricoques

5 pimientos rojos

3 berenjenas

7 tomates grandes

5 cebollas

4 limones

5 calabacines

1 manojo de tomillo

1 bolsita de lechuga

Carne/Pescado

1 pollo grande de corral

16 sardinas (fileteadas por el pescadero)

Lácteos

4 *mozzarellas di buffala*

Varios

50 g de piñones

1 pan redondo grande integral cortado (para el miércoles y el jueves)

500 g de pajaritas

Despensa básica

aceite de oliva

vinagre

sal

pimienta negra

pimentón

azúcar

Antes de empezar

1. Si tienes suficiente espacio, saca todos los ingredientes que vas a utilizar en la sesión de cocina, menos las pajaritas, la *mozzarella*, el pan redondo y la bolsita de lechuga. Así lo tendrás todo a mano y no perderás tiempo buscando los ingredientes.
2. Saca también todos los utensilios necesarios:

* 1 tabla de cortar
* 1 pelador
* 1 trapo limpio
* 1 bandeja para el horno
* 1 cazuela
* 2 ollas grandes
* 1 sartén
* 1 fuente rectangular (para las sardinas)
* 1 batidora de mano (o 1 licuadora)
* 7 recipientes: 3 fiambreras grandes para las verduras al horno, el brócoli al vapor y la crema de verduras; 2 fiambreras medianas para el *carpaccio* y la compota de albaricoque; 2 fiambreras pequeñas (o 2 tarros) para la vinagreta y los piñones
* 2 bolsitas para la albahaca y el tomillo
* film alimentario, papel de horno y papel de cocina

¡A cocinar durante 2 horas!

Precalienta el horno a 180 ºC (t. 6).
Prepara la fruta y la verdura.

1. Las cabezas de ajo. Frótalas entre las manos para separar los dientes de ajo.

2. Las patatas. Lávalas con agua y cuécelas al vapor o en una olla con agua hirviendo durante 20 minutos. Guárdalas en una fiambrera.

3. La albahaca. Lávala con abundante agua, sécala y córtala fina.

4. El brócoli. Corta los ramilletes y lávalos con agua.

5. Los albaricoques. Lávalos y pártelos por la mitad para quitarles los huesos. Pon 8 en una olla y corta el resto en láminas finas para el *carpaccio*.

6. Los pimientos rojos. Lávalos con agua, pártelos por la mitad, quítales las semillas y córtalos en tiras gruesas.

7. Las berenjenas. Lávalas, quítales las puntas y córtalas en rodajas.

8. Los tomates grandes. Lávalos, quítales los pedúnculos y córtalos en 6 trozos.

9. Las cebollas. Pélalas y pártelas por la mitad.

10. Los limones. Córtalos por la mitad y exprímelos.

11. Los calabacines. Lávalos, quítales las puntas y córtalos en rodajas.

Empieza las cocciones y las preparaciones.

12. La cazuela de pollo con ajo. En una cazuela, echa un chorrito de aceite de oliva y dora el pollo por todos los lados, salpimiéntalo y añade todos los dientes de ajo menos 4. Espolvoréalo con tomillo fresco y vierte 1 vaso de agua. Déjalo cocer a fuego suave hasta que termines todas las demás cocciones.

13. Las verduras de verano asadas. Cubre una bandeja para el horno con papel de hornear. Coloca el equivalente a 4 pimientos rojos, 2 berenjenas, 4 tomates, las cebollas partidas por la mitad (menos 2), el equivalente a 3 calabacines y el ajo restante.

Añade un chorrito de aceite de oliva, sal, pimienta negra y tomillo. Hornea las verduras durante 1 hora y remuévelas a media cocción. Déjalas enfriar.

14. La crema de verduras de verano. En una olla, vierte un chorrito de aceite de oliva y añade el resto de los pimientos rojos, las rodajas de berenjena, las cebollas partidas por la mitad y los calabacines, dóralos a fuego vivo durante 3 minutos, añade el resto de los tomates, mézclalo todo y rehógalo durante 2 minutos. Espolvoréalo con tomillo y cúbrelo con agua. Hiérvelo a fuego suave durante 30 minutos. Salpimiéntalo, echa 1 cucharadita de pimentón y la mitad de la albahaca. Tritúralo, pruébalo y, si es necesario, rectifica de sal. Vierte la crema en una fiambrera.

15. El brócoli. En una olla con agua hirviendo y sal, cuécelo durante 15 minutos hasta que quede al dente. Ponlo debajo del grifo de agua fría y guárdalo en una fiambrera.

16. El carpaccio de albaricoques. Guarda las láminas de albaricoque en una fiambrera, añade un chorrito de zumo de limón y otro de aceite de oliva.

17. La compota de albaricoques. Vierte un poco de agua en la olla con los albaricoques , añade un poco de tomillo y de azúcar y hiérvelos durante 10 minutos. Deja que se enfríen.

18. Las sardinas marinadas. Lava los filetes de sardina con un poco de agua y sécalos bien. En una fuente, vierte un chorrito de aceite de

oliva y pon encima las sardinas, colocando la piel hacia abajo. Salpimiéntalas, espolvoréalas con tomillo y echa un chorrito de zumo de limón. Repite el procedimiento hasta que se terminen los ingredientes. Tápalas con film alimentario.

19. Los piñones. En una sartén, tuesta los piñones sin aceite. Guárdalos en un tarro.

20. La vinagreta. En un tarro, mezcla 2 cucharadas soperas de vinagre, 4 cucharadas soperas de aceite de oliva, 1 pellizco de tomillo, sal y pimienta negra.

Guarda el tomillo y la albahaca restantes en bolsitas.

¡Todo listo! Deja que se enfríe.

Guarda en la nevera
- **las patatas (se conservan durante 3 días);**

- **la cazuela de pollo (se conserva durante 3 días);**

- **las verduras de verano asadas (se conservan durante 3 días);**

- **la crema de verduras de verano (se conserva durante 4 días);**

- **el *carpaccio* de albaricoques (se conserva durante 2 días);**

- **la compota de albaricoque (se conserva durante 4 días);**

- **las sardinas marinadas (se conservan durante 3 días);**

- **la vinagreta (se conserva durante 6 días);**

- **los piñones (se conservan durante 5 días);**

- **las bolsitas de tomillo y de albahaca (se conservan durante 6 días).**

Guarda en el congelador
- **el brócoli (se conserva durante 2 meses).**

¿Qué debes hacer antes de

Menú #3

Lunes

Sardinas marinadas con aceite de oliva, limón y tomillo, acompañadas de patatas al vapor

Tiempo de recalentamiento (opcional):
10 minutos

Ingredientes: las sardinas y las patatas al vapor
Sírvelo todo junto frío o bien calienta las patatas durante 10 minutos.

Tiempo de preparación:
10 minutos

Ingredientes: el *carpaccio* de albaricoques, las verduras de verano asadas, albahaca, aceite de oliva y pimienta negra
Sirve el *carpaccio* de albaricoques en una fuente.
Reparte las verduras en 4 platos grandes, añade en medio de cada uno 1 bola de *mozzarella,* pimienta negra y un chorrito de aceite de oliva, y espolvoréalo con albahaca fresca.

Martes

Entrante
***Carpaccio* de albaricoques con aceite de oliva**

Plato principal
Verduras de verano asadas con *buffala* y albahaca

Miércoles

Cazuela de pollo con ajo, pan integral tostado y ensalada verde

Tiempo de preparación:
10 minutos
Tiempo de recalentamiento:
15 minutos

Ingredientes: la cazuela de pollo, la vinagreta, la lechuga y 4 rebanadas de pan
Calienta la cazuela de pollo durante 15 minutos.
Vierte la vinagreta en una ensaladera y añade la lechuga.
Tuesta las rebanadas de pan integral.
Opcional: añade ajo confitado al pan tostado.

servir?

Jueves

Plato principal
Crema de verduras
de verano
all'arrabbiata con
daditos de pan tostado

Postre
Compota de albaricoque
con tomillo fresco

Tiempo de preparación:
10 minutos
Tiempo de recalentamiento:
10 minutos

Ingredientes: la crema de verduras de verano, 4 rebanadas de
pan integral, la compota de albaricoque y albahaca
En una olla, vuelca la crema de verduras y caliéntala a fuego
suave durante 10 minutos.
Tuesta el pan integral y corta las rebanadas en daditos.
Sirve la crema de verduras con daditos de pan tostado y
sazónala con albahaca.
Vierte la compota de albaricoque en una fuente.
**Saca el brócoli del congelador y déjalo en la nevera
para el día siguiente.**

Tiempo de cocción:
8 y 10 minutos

Viernes

**Pajaritas con brócoli
al vapor, piñones
tostados y aceite de
oliva afrutado**

Ingredientes: las pajaritas, el brócoli al vapor, los piñones
tostados, la albahaca y el tomillo restantes (opcional), aceite de
oliva, sal y pimienta negra
Hierve las pajaritas siguiendo las indicaciones del paquete.
Sirve el brócoli en una fuente, añade las pajaritas
escurridas, los piñones, un chorrito de aceite de oliva y
pimienta negra. Mézclalo y, si lo deseas, sazónalo con
la albahaca restante y un poco de tomillo fresco. Si es
necesario, rectifica de sal.

Estas indicaciones son las ideales si has preparado el menú para cenar en casa. Pero si
has cocinado para comer al día siguiente en el trabajo, en general bastará con que ultimes
la preparación la noche antes y calientes la comida en el microondas de la oficina.

Menú

Menú #4

Lunes

Entrante
Melocotones blancos rellenos de *feta* y albahaca
Plato principal
Pizza de berenjena con tomate, parmesano y rúcula

Martes

Salteado de buey con pimientos rojos y especias mexicanas

Miércoles

Plato principal
Ensalada griega (*feta,* tomate, pepino, aceitunas y albahaca)
y una rebanada de pan tostado con trucha ahumada
Postre
Compota de melocotón blanco con verbena

Jueves

Brochetas de rape con verduras al romero

Viernes

Sopa de berenjena y tomate con virutas de jamón cocido

Lista de la compra

Verduras / Fruta

1 manojo de albahaca

4 limones

8 melocotones blancos

4 berenjenas grandes

8 tomates grandes

2 cebollas amarillas

1 cebolla morada

3 pepinos pequeños o 1 pepino grande

5 pimientos rojos

4 calabacines

1 ramita de romero

1 bolsita de rúcula

Carne / Pescado

1 kg de rape troceado

4 filetes de buey

4 lonchas de trucha ahumada

1 bandeja de virutas de jamón cocido

Lácteos

1 bolsita de parmesano rallado

2 bloques de *feta*

Varios

1 tarro de aceitunas negras griegas

1 tarro de tomates secos con aceite

1 tarrito de especias mexicanas

1 pan integral cortado (para el miércoles y el viernes)

Despensa básica

aceite de oliva

sal

pimienta negra molida

orégano

1 bolsita de infusión de verbena

azúcar

Antes de empezar

1. Si tienes suficiente espacio, saca todos los ingredientes que vas a utilizar en la sesión de cocina, menos el paquete de virutas de jamón cocido, la trucha ahumada, el pan integral y la bolsita de rúcula. Así lo tendrás todo a mano y no perderás tiempo buscando los ingredientes.
2. Saca también todos los utensilios necesarios:
* 1 tabla de cortar
* 1 pelador
* 1 trapo limpio
* 1 bandeja para el horno
* 1 ensaladera grande
* 3 ollas grandes
* 1 sartén grande
* 1 batidora de mano (o 1 licuadora)
* 4 broquetas grandes (para las brochetas)
* 6 recipientes: 5 fiambreras grandes para los melocotones rellenos, las pizzas de berenjena, el salteado de buey, las brochetas y la sopa de berenjena y tomate; 1 fiambrera mediana para la compota de melocotón blanco
* 1 bolsita para la albahaca
* film alimentario, papel de horno y papel de cocina

¡A cocinar durante 2 horas!

Precalienta el horno a 180 °C (t. 6).
Prepara la fruta y la verdura.

1. La albahaca. Lávala y sécala bien antes de arrancarle las hojas.

2. Los limones. Exprime 1 limón y corta el resto en rodajas.

3. Los melocotones blancos. Escalda 6 melocotones y quítales la piel encima de una olla, para no perder el zumo. Pártelos por la mitad, quítales los huesos y vuelve a partirlos por la mitad, obteniendo cuartos. Vierte un chorro de zumo de limón y añádeles una bolsita de infusión de verbena. Parte por la mitad los 2 melocotones restantes, conservando la piel.

4. Las berenjenas. Lávalas y quítales las puntas. Corta 2 berenjenas en daditos y las otras 2 longitudinalmente.

5. Los tomates. Lávalos, quítales los pedúnculos y corta 4 en trozos grandes; ponlos en un bol con su jugo. Corta 2 tomates en cuartos, ponlos en la ensaladera, corta 1 en rodajas y el resto en trocitos.

6. Las cebollas. Pélalas todas. Pica las cebollas amarillas y corta la cebolla morada en rodajas.

7. Los pepinos. Lávalos y córtalos en rodajas. Ponlos en la ensaladera con los tomates.

8. Los pimientos rojos. Lávalos, pártelos por la mitad y quítales las semillas. Corta 4 en daditos y el otro en tiras.

9. Los calabacines. Lávalos, quítales las puntas y córtalos en rodajas finas.

Empieza las cocciones y las preparaciones.

10. Las berenjenas. Con un cuchillo, haz unos cortes superficiales en la pulpa de las berenjenas cortadas longitudinalmente. Colócalas en una bandeja para el horno cubierta con papel de hornear, échales un chorrito de aceite de oliva y cuécelas de inmediato durante 30 minutos. Deja que se enfríen.

11. Las brochetas de rape. Seca los trozos de rape con papel de cocina y ensártalos en las broquetas, alternándolos con rodajas de calabacín, de limón y de pimiento. Pon las brochetas en una bandeja, sazónalas con un chorrito de aceite de oliva, romero, sal y pimienta negra. Hornéalas durante 10 minutos.

12. Las pizzas de berenjena. Vuelca el tarro de tomates secos, con el aceite incluido, en el vaso de la batidora de mano y tritúralo hasta obtener una pasta. Úntala en las berenjenas previamente horneadas y añade las rodajas de tomate. Espolvoréalas con parmesano rallado y orégano. Hornéalas durante 15 minutos y deja que se enfríen. Guarda la pasta de tomates secos restante para la sopa.

13. La sopa de berenjena y tomate. En una olla, sofríe 1 cebolla amarilla con aceite de oliva durante 5 minutos, añade los daditos de berenjena y dóralos durante unos minutos. Añade 1 cucharada sopera de orégano, sal y pimienta negra. Mezcla los tomates cortados a trozos grandes que tenías reservados en el bol e incorpóralos a la olla. Remueve bien y cúbrelo todo con agua. Rehógalo

durante 20 minutos. Añade la pasta de tomates secos restante. Tritúralo, pruébalo y, si es necesario, rectifica de sal.

14. La compota de melocotón. Vierte un vaso de agua en la olla con los melocotones y añade un poco de azúcar. Hiérvelos, removiendo de vez en cuando, entre 7 y 8 minutos. Quita la bolsita de infusión de verbena y vuelca la compota en una fiambrera.

15. El salteado de buey. En una sartén grande, sofríe la cebolla amarilla restante, los daditos de pimiento y unas rodajas de calabacín (si te han sobrado de las brochetas de rape). Corta los filetes de buey en tiras. Añade 1 cucharada sopera de especias mexicanas, el tomate troceado y las tiras de buey. Mézclalo y rehógalo durante 10 minutos,

regularmente. Pruébalo y, si es necesario, rectifica de sal. Guárdalo en una fiambrera.

16. La ensalada griega. En la ensaladera con los tomates, añade las aceitunas, hojas de albahaca y las rodajas de cebolla morada. Corta 1 bloque y medio de *feta* en daditos e incorpórala a la ensalada. Mézclala bien y tápala con film alimentario.

17. Los melocotones rellenos. En una fiambrera, coloca las 4 mitades de melocotón con la parte de la piel hacia abajo. Desmiga un poco de *feta* en el centro de cada uno, añade pimienta, un chorrito de aceite de oliva, zumo de limón y una hoja de albahaca.

Guarda la albahaca restante en una bolsita.

¡Todo listo! Deja que se enfríe.

Guarda en la nevera
- **las pizzas de berenjena (se conservan durante 3 días);**

- **la compota de melocotón (se conserva durante 4 días);**

- **el salteado de buey (se conserva durante 3 días);**

- **la ensalada griega (se conserva durante 3 días);**

- **los melocotones rellenos (se conservan durante 2 días);**

- **la bolsita de albahaca (se conserva durante 6 días).**

Guarda en el congelador
- **las brochetas de rape (se conservan durante 2 meses);**

- **la sopa de berenjena y tomate (se conserva durante 2 meses).**

Menú #4

Lunes

Entrante
Melocotones blancos rellenos de *feta* y albahaca

Plato principal
Pizza de berenjena con tomate, parmesano y rúcula

Tiempo de recalentamiento:
15 minutos

Ingredientes: los melocotones rellenos, las berenjenas, la bolsita de rúcula y aceite de oliva
Precalienta el horno a 180 °C (t. 6) y hornea las berenjenas durante 15 minutos.
Sirve los melocotones rellenos como entrante.
Antes de servir las berenjenas, añade un puñado de rúcula y un chorrito de aceite de oliva encima de cada una.

Tiempo de recalentamiento:
10 minutos

Martes

Salteado de buey con pimientos rojos y especias mexicanas

Ingredientes: el salteado de buey con pimientos rojos
En una sartén grande, calienta el salteado de buey con pimientos rojos a fuego suave durante 10 minutos.

Miércoles

Plato principal
Ensalada griega (*feta,* tomate, pepino, aceitunas y albahaca) y una rebanada de pan tostado con trucha ahumada

Postre
Compota de melocotón blanco con verbena

Tiempo de preparación:
8 minutos

Ingredientes: la ensalada griega, 4 rebanadas de pan, la trucha ahumada y la compota de melocotón blanco con verbena
Tuesta el pan y pon 1 loncha de trucha ahumada en cada rebanada.
Añade un poco de albahaca en la ensalada griega y mézclala bien.
Sirve la compota de melocotón en vasitos.
Saca las brochetas de rape del congelador y déjalas en la nevera para el día siguiente.

servir?

Jueves

Brochetas de rape con verduras al romero

Tiempo de recalentamiento:
10 minutos

Ingredientes: las brochetas de rape con verduras al romero
Precalienta el horno a 180 °C (t. 6) y hornea las brochetas durante 10 minutos.
Saca la sopa de berenjena y tomate del congelador y déjala en la nevera para el día siguiente.

Tiempo de preparación:
10 minutos
Tiempo de recalentamiento:
10 minutos

Viernes

Sopa de berenjena y tomate con virutas de jamón cocido

Ingredientes: la sopa de berenjena y tomate, las virutas de jamón cocido y el pan integral restante
En una olla, calienta la sopa a fuego suave.
Tuesta el pan y córtalo en daditos.
Sirve la sopa en platos hondos y añade las virutas de jamón cocido y los trocitos de pan tostado en el centro de cada uno.

Estas indicaciones son las ideales si has preparado el menú para cenar en casa. Pero si has cocinado para comer al día siguiente en el trabajo, en general bastará con que ultimes la preparación la noche antes y calientes la comida en el microondas de la oficina.

Otoño

Menú

Menú #1 | Cesta de la compra

Menú #1

Lunes

Chuletas de cerdo marinadas con lima, jengibre y soja, acompañadas de boniato al horno

Martes

Entrante
Ensalada de remolacha rallada con perejil
Plato principal
Quiche de col blanca

Miércoles

Guiso de boniato, zanahoria, patata y pavo

Jueves

Plato principal
Sopa de remolacha al estilo ruso con queso de cabra fresco
Postre
Manzanas al horno con canela

Viernes

Macarrones integrales con pesto de hojas de zanahoria

Lista de la compra

Verduras/Fruta

6 boniatos pequeños

1 manojo de perejil

1 lima ecológica

6 remolachas medianas

1 col blanca

1 manojo de zanahorias (con las hojas)

6 patatas pequeñas

4 manzanas

2 dientes de ajo

2 cebollas

½ rama de apio

Carne

4 chuletas de cerdo grandes

4 pechugas de pavo

Lácteos

33 cl de nata líquida ligera

1 queso de cabra fresco

1 bolsita de parmesano

Varios

4 huevos

1 masa de hojaldre

500 g de macarrones integrales

500 g de almendras marconas

Despensa básica

aceite de oliva

aceite neutro (de girasol, de colza, etc.)

vinagre

mostaza

sal

pimienta negra

nuez moscada

1 pastilla de caldo de verduras

eneldo

jengibre en polvo

salsa de soja

canela

miel

Antes de empezar

1. Si tienes suficiente espacio, saca todos los ingredientes que vas a utilizar en la sesión de cocina, menos el queso de cabra fresco y los macarrones. Así lo tendrás todo a mano y no perderás tiempo buscando los ingredientes.
2. Saca también todos los utensilios necesarios:
* 1 tabla de cortar
* 1 pelador
* 1 trapo limpio
* 1 bandeja para el horno
* 2 fuentes para el horno
* 1 cazuela
* 1 molde de tarta
* 2 ollas grandes
* 1 robot de cocina (que triture y ralle)
* 6 recipientes: 4 fiambreras grandes para las chuletas de cerdo marinadas, los boniatos al horno, la ensalada de remolacha y la sopa de remolacha; 1 fiambrera mediana para las manzanas al horno; 1 tarrito para el pesto
* 1 bolsita para el perejil
* film alimentario, papel de horno y papel de cocina

¡A cocinar durante 2 horas!

Precalienta el horno a 180 ºC (t. 6).
Prepara la fruta y la verdura.

1. Los boniatos. Cepíllalos y lávalos con abundante agua. Envuelve 4 boniatos con papel de aluminio, hornéalos durante 1 hora y guárdalos en una fiambrera. Corta los otros 2 boniatos en daditos.

2. El perejil. Lávalo, sécalo y córtalo fino. Guárdalo en una bolsita.

3. La lima. Lávala y sécala. Ralla la piel y exprime el zumo.

4. Las remolachas. Pélalas. Con el robot de cocina, ralla 3 lo más gruesas posible. Corta las otras 3 remolachas en daditos.

5. La col blanca. Quita las hojas gruesas del exterior. Parte la col en cuartos y pica las hojas. Si es necesario, lávalas con agua. En una olla con agua hirviendo y sal, escalda ¾ de la col durante 5 minutos. Escúrrela.

6. El manojo de zanahorias (con las hojas). Quita las hojas, lávalas y sécalas bien. Limpia las zanahorias con un cepillo y córtalas en rodajas.

7. Las patatas pequeñas. Pélalas, lávalas y córtalas en daditos.

8. Las manzanas. Lávalas, corta una tapa con el rabito en la parte de arriba y quítales el corazón. Vuelve a poner la tapa y resérvalas.

9. Los dientes de ajo. Pélalos y córtalos por la mitad.

10. Las cebollas. Pélalas y pícalas.

11. La rama de apio. Lávala con agua y córtala en trocitos.

Empieza las cocciones y las preparaciones.

12. La sopa de remolacha al estilo ruso. En la cazuela, pon 1 cebolla, 2 mitades de ajo, las 3 remolachas en daditos, 2 patatas en daditos, 3 zanahorias en rodajas, ¼ de col blanca (no escaldada) y el apio. Añade 1 cucharadita de jengibre en polvo y 1 buen pellizco de sal y de pimienta negra, y cúbrelo bien de agua. Cuécelo todo a fuego suave entre 35 y 40 minutos. Tritúralo dejando algunos trocitos, pruébalo, añade 1 cucharada sopera de eneldo y viértelo en una fiambrera.

13. La quiche de col blanca. Extiende la masa de hojaldre en un molde de tarta. Con un tenedor, pincha el fondo. En un cuenco, casca los 4 huevos y bátelos con un tenedor. Vierte la nata líquida, salpimienta y añade 1 pellizco de nuez moscada. Bátelo todo bien. Coloca la col escaldada sobre la masa de hojaldre y vuelca encima la preparación anterior. Hornea la tarta entre 25 y 30 minutos. Deja que se enfríe antes de taparla con film alimentario.

14. Las chuletas de cerdo marinadas. En un cuenco, vierte el zumo y la ralladura de lima, añade 1 cucharada sopera de miel, 1 cucharadita de jengibre en polvo, 4 cucharadas soperas de aceite neutro y 3 cucharadas soperas de salsa de soja. Mézclalo bien. Coloca las chuletas de cerdo en una fiambrera, vuelca la preparación anterior encima y dales la vuelta para que se impregnen

por completo. Cierra la fiambrera y guárdala en la nevera.

15. Las manzanas al horno. Quita la tapa de las manzanas y, en el interior de cada una, vierte 1 cucharada sopera de miel, un poco de canela y un chorrito de aceite de oliva, antes de volver a ponerles la tapa. Una vez que la quiche esté lista, hornéalas durante 30 minutos. Deja que se enfríen antes de guardarlas en una fiambrera.

16. El guiso de boniato, zanahoria, patata y pavo. En una cazuela, sofríe la cebolla restante con un chorrito de aceite de oliva durante 2 minutos. Corta las pechugas de pavo en trozos y dóralos con la cebolla. Añade los daditos de patata y de boniato, las rodajas de zanahoria, sal, pimienta y 1 pastilla de caldo de verduras rallada. Cúbrelo

todo con agua. Guísalo a fuego suave entre 30 y 35 minutos. Si es necesario, añade un poco de agua. Guarda la cazuela en la nevera.

17. La ensalada de remolacha. Prepara la vinagreta. En un cuenco, pon 1 cucharadita de mostaza, 2 cucharadas soperas de vinagre, 5 cucharadas soperas de aceite de oliva, sal y pimienta. Emulsiónalo todo y luego añade la remolacha rallada y 2 cucharadas soperas de perejil. Mezcla bien la vinagreta antes de guardarla en una fiambrera.

18. El pesto. En el vaso de la batidora de mano, pon las hojas de las zanahorias, añade las almendras, 2 cucharadas soperas de parmesano y un poco de sal. Tritúralo y ve vertiendo aceite hasta que obtengas una textura de pesto. Pruébalo, rectifica de sal y guárdalo en un tarro. Cúbrelo con aceite de oliva.

¡Todo listo! Deja que se enfríe.

Guarda en la nevera
- el boniato (se conserva durante 3 días);

- la quiche de col blanca (se conserva durante 3 días);

- las chuletas de cerdo marinadas (se conservan durante 2 días);

- el guiso (se conserva durante 3 días);

- la ensalada de remolacha (se conserva durante 3 días);

- el pesto (se conserva durante 6 días);

- la bolsita de perejil (se conserva durante 6 días).

Guarda en el congelador
- la sopa de remolacha al estilo ruso (se conserva durante 2 meses);

- las manzanas al horno (se conservan durante 2 meses).

¿Qué debes hacer antes de

Menú #1

Lunes

Chuletas de cerdo marinadas con lima, jengibre y soja, acompañadas de boniato al horno

Tiempo de recalentamiento:
10 minutos
Tiempo de cocción:
8 minutos

Ingredientes: las costillas de cerdo marinadas, el boniato al horno, perejil y aceite neutro
Precalienta el horno a 180 °C (t. 6) y hornea el boniato con la piel durante 10 minutos.
En una sartén, echa un chorrito de aceite neutro y dora las costillas de cerdo marinadas durante 4 minutos por cada lado. Antes de servirlas, espolvoréalas con perejil.

Tiempo de recalentamiento:
15 minutos

Martes

Entrante
Ensalada de remolacha rallada con perejil

Plato principal
Quiche de col blanca

Ingredientes: la ensalada de remolacha rallada con perejil y la quiche de col blanca
Precalienta el horno a 180 °C (t. 6) y hornea la quiche durante 15 minutos.

Miércoles

Guiso de boniato, zanahoria, patata y pavo

Tiempo de recalentamiento:
10 minutos

Ingredientes: el guiso de boniato, zanahoria, patata y pavo y perejil
Calienta la cazuela con el guiso a fuego suave. Si es necesario, añade un poco de agua. Espolvoréalo con perejil antes de servirlo.
Saca del congelador la sopa y las manzanas al horno y déjalas en la nevera para el día siguiente.

Jueves

Plato principal
Sopa de remolacha al estilo ruso con queso de cabra fresco

Postre
Manzanas al horno con canela

Tiempo de recalentamiento:
15 minutos

Ingredientes: la sopa de remolacha al estilo ruso, las manzanas al horno, el perejil restante, queso de cabra fresco y eneldo
Precalienta el horno a 180 °C (t. 6). Hornea las manzanas durante la cena.
En una olla, calienta la sopa de remolacha al estilo ruso a fuego suave durante 10 minutos. Repártela en 4 platos hondos y, en el centro, añade 1 cucharada sopera de queso de cabra fresco en forma de *quenelle* y espolvoréalo con eneldo y perejil.

Tiempo de cocción:
10 y 12 minutos

Viernes

Macarrones integrales con pesto de hojas de zanahoria

Ingredientes: los macarrones integrales, el parmesano restante y el pesto de hojas de zanahoria
Hierve la pasta al dente siguiendo las indicaciones del paquete. Una vez escurrida, vuélcala en una ensaladera, añade el pesto y mézclalo bien. Sírvelo con el parmesano.

Estas indicaciones son las ideales si has preparado el menú para cenar en casa. Pero si has cocinado para comer al día siguiente en el trabajo, en general bastará con que ultimes la preparación la noche antes y calientes la comida en el microondas de la oficina.

Menú

Menú #2

Lunes

Plato principal
Huevos al plato con champiñones y brotes de ensalada
Postre
Pastel de arroz

Martes

Magret de pato con higos y nabos morados

Miércoles

Tarta de zanahoria con ensalada verde

Jueves

Arroz con champiñones

Viernes

Plato principal
Crema de zanahoria con comino
Postre
Compota de higos con flor de azahar

Lista de la compra

Verduras / Fruta

2 bandejas de champiñones

1 kg de zanahorias

2 patatas

3 cebollas

4 nabos morados

16 higos

1 manojo de cebollino

1 bolsita de brotes de ensalada

1 bolsita de ensalada verde

Carne

2 *magrets* de pato

Lácteos

2 cartones de 20 cl de nata ligera

1 l de leche semidesnatada

Varios

15 huevos

1 masa de hojaldre

500 g de arroz redondo

Despensa básica

aceite de oliva

vinagre

mostaza en grano

sal

pimienta negra

1 pastilla de caldo de verduras

comino

agua de flor de azahar

vainilla

azúcar

ron (opcional)

Antes de empezar

1. Si tienes suficiente espacio, saca todos los ingredientes que vas a utilizar en la sesión de cocina, menos la bolsita de ensalada verde y la de brotes de ensalada. Así lo tendrás todo a mano y no perderás tiempo buscando los ingredientes.
2. Saca también todos los utensilios necesarios:
* 1 tabla de cortar
* 1 pelador
* 1 trapo limpio
* 1 fuente para el horno
* 1 cazuela
* 4 cuencos
* 1 sartén
* 3 ollas grandes
* 1 molde de tarta
* 1 molde de bizcocho redondo
* 1 robot de cocina (que triture y ralle)
* 6 recipientes: 5 fiambreras grandes para el *magret* de pato, las verduras de guarnición, el arroz con champiñones, la crema de zanahoria y comino y la compota de higos; 1 tarrito para la vinagreta
* 1 bolsita para el cebollino
* film alimentario, papel de horno y papel de cocina

¡A cocinar durante 2 horas!

Precalienta el horno a 180 ºC (t. 6).
Prepara la fruta y la verdura.

1. Los champiñones. Límpialos con un cepillo, si es necesario, y córtalos en trocitos.

2. Las zanahorias. Pélalas, ralla la mitad con el robot de cocina y corta el resto en rodajas.

3. Las patatas. Pélalas y córtalas en rodajas.

4. Las cebollas. Pélalas, ralla 1 cuando termines con las zanahorias y pica el resto.

5. Los nabos morados. Pélalos y córtalos en trozos.

6. Los higos. Lávalos, haz dos cortes en forma de cruz en la parte superior de 4 higos y corta los demás en cuartos.

7. El cebollino. Lávalo, sécalo y córtalo fino.

Empieza las cocciones y las preparaciones.

8. La tarta de zanahoria. Extiende la masa de hojaldre en un molde y, con un tenedor, pincha el fondo. Añade las zanahorias y la cebolla ralladas. En un cuenco, casca 4 huevos, incorpora 1 cucharada sopera de mostaza en grano y 1 cartón de nata ligera, salpimiéntalo y bátelo todo con un tenedor. Añade 2 cucharadas soperas de cebollino, mézclalo y vierte la preparación encima de las zanahorias. Hornea la tarta entre 30 y 35 minutos. Deja que se enfríe antes de taparla con film alimentario.

9. Los higos y los nabos morados al horno. En una fuente para el horno, pon los 4 higos con los cortes y los trozos de nabo, añade un chorrito de aceite de oliva, sal y pimienta. Hornéalos durante 30 minutos. Deja que se enfríen.

10. El pastel de arroz. En una olla, vierte la leche, añade 200 gramos de arroz redondo, 100 gramos de azúcar y vainilla. Hiérvelo a fuego suave durante 20 minutos. En un cuenco, casca 3 huevos, añade 1 cucharada sopera de ron, si lo deseas, y vuelca la mezcla en la olla del arroz. Viértelo todo en un molde redondo cubierto con papel de horno y hornéalo durante 30 minutos. Deja que se enfríe antes de taparlo con film alimentario.

11. La crema de zanahoria con comino. En una cazuela, sofríe 1 cebolla picada con aceite de oliva durante 2 minutos, añade las patatas y las zanahorias en rodajas, sal y 1 cucharadita de comino. Cúbrelo todo con agua y hiérvelo a fuego suave durante 30 minutos. Tritúralo, pruébalo y deja que se enfríe.

12. El arroz con champiñones. Pon agua a hervir. En una sartén grande, sofríe la cebolla con un chorrito de aceite de oliva durante 2 minutos. Añade el arroz restante y mézclalo todo hasta que el arroz esté traslúcido. Ralla encima 1 pastilla de caldo de verduras y vierte el agua hirviendo. Vuelve a mezclarlo todo y deja que se vaya reduciendo. Añade la mitad de los champiñones, remueve y vuelve a añadir agua hirviendo. Sigue este procedimiento hasta que el arroz esté cocido. Salpimiéntalo y espolvoréalo con cebollino. Guárdalo en una fiambrera.

13. La compota de higos. En una olla grande, pon los higos cortados en cuartos, un vaso de agua, 1 cucharada sopera de agua de flor de azahar y un poco de azúcar. Hiérvelo entre 10 y 15 minutos. Deja que se enfríe.

14. El *magret* de pato. Corta la grasa de la carne. En una sartén, cuece un poco los *magrets*, colocando la parte grasa debajo, durante unos minutos. Ve añadiendo la grasa.

15. Los huevos al plato. Casca 2 huevos en cada cuenco, añade los champiñones, un poco de nata líquida, cebollino, sal y pimienta. Guárdalos en la nevera.

16. La vinagreta. En un tarro, pon 1 cucharada sopera de mostaza, 3 cucharadas soperas de vinagre, 6 cucharadas soperas de aceite de oliva, sal y pimienta negra. Emulsiónalo todo bien.

¡Todo listo! Deja que se enfríe.

Guarda en la nevera
- la tarta de zanahoria (se conserva durante 4 días);

- los higos y los nabos morados (se conservan durante 3 días);

- el pastel de arroz (se conserva durante 5 días);

- los huevos al plato (se conservan durante 2 días);

- el *magret* de pato (se conserva durante 2 días);

- la vinagreta (se conserva durante 5 días);

- la bolsita de cebollino (se conserva durante 6 días).

Guarda en el congelador

- la crema de zanahoria y comino (se conserva durante 2 meses);

- el arroz con champiñones (se conserva durante 2 meses);

- la compota de higos (se conserva durante 2 meses).

¿Qué debes hacer antes de

Menú #2

Lunes

Plato principal
Huevos al plato con champiñones y brotes de ensalada

Postre
Pastel de arroz

Tiempo de preparación:
5 minutos
Tiempo de cocción:
10 minutos

Ingredientes: los huevos al plato con champiñones, los brotes de ensalada, la vinagreta, el pastel de arroz y cebollino
Precalienta el horno a 180 ºC (t. 6). Hornea los huevos al plato con champiñones durante 10 minutos. Antes de servirlos, espolvoréalos con cebollino.
Vierte la mitad de la vinagreta en una ensaladera y añade los brotes de ensalada.
Desmolda el pastel de arroz.

Tiempo de recalentamiento:
10 minutos

Martes

***Magret* de pato con higos y nabos morados**

Ingredientes: el *magret* de pato y los higos y los nabos morados
Calienta el *magret* de pato y los higos y los nabos morados en dos sartenes distintas

Miércoles

Tarta de zanahoria con ensalada verde

Tiempo de recalentamiento:
15 minutos

Ingredientes: la tarta de zanahoria, la ensalada verde, la vinagreta, cebollino
Precalienta el horno a 180 ºC (t. 6). Hornea la tarta de zanahoria durante 15 minutos.
Vierte la vinagreta en una ensaladera, añade el cebollino y la ensalada verde.
Saca el arroz con champiñones del congelador y déjalo en la nevera para el día siguiente.

Jueves

Arroz con champiñones

Tiempo de recalentamiento:
10 minutos

Ingredientes: el arroz con champiñones y el resto del cebollino
En una sartén o en una olla, calienta el arroz con champiñones a fuego suave. Si es necesario, añade un poco de agua. Espolvoréalo con cebollino antes de servirlo. **Saca del congelador la crema de zanahoria y la compota de higos y déjalas en la nevera para el día siguiente.**

Tiempo de recalentamiento:
10 minutos

Viernes

Plato principal
Crema de zanahoria con comino

Postre
Compota de higos con flor de azahar

Ingredientes: la crema de zanahoria con comino, la compota de higos con flor de azahar
Vierte la crema en una olla y caliéntala a fuego suave durante 10 minutos.
Sirve la compota de higos con flor de azahar en vasitos.

Estas indicaciones son las ideales si has preparado el menú para cenar en casa. Pero si has cocinado para comer al día siguiente en el trabajo, en general bastará con que ultimes la preparación la noche antes y calientes la comida en el microondas de la oficina.

Menú

| # Cesta de la compra

Menú #3

Lunes

Plato principal
Tarta de espinacas y *feta*
Postre
Macedonia de uvas, peras y manzanas

Martes

Solomillo de ternera salteado con uvas y trigo sarraceno

Miércoles

Verduras de otoño al vapor con salsa verde de anchoas

Jueves

Tortitas de trigo sarraceno con verduras y ensalada

Viernes

Plato principal
Crema de espinacas frescas con daditos de *feta*
y hierbas aromáticas
Postre
Compota de pera y manzana con miel y clavo

Lista de la compra

Verduras/Fruta

1,5 kg de espinacas

3 racimos grandes de uva

6 peras

1 limón

6 manzanas

1 puerro

1 coliflor

1 col picuda

1 cabeza de brócoli

2 cebollas

1 manojo de perejil

1 manojo de cebollino

1 manojo de menta

1 bolsita de ensalada

Carne

2 solomillos de ternera (de 800 g) troceados

Lácteos

2 bloques de *feta*

20 cl de nata líquida

Varios

6 huevos

1 masa de hojaldre

500 g de trigo sarraceno

1 tarrito de anchoas en aceite

1 tarrito de alcaparras

Despensa básica

aceite de oliva

vinagre

mostaza

sal

pimienta negra

1 pastilla de caldo de verduras

miel

clavos de olor

Antes de empezar

1. Si tienes suficiente espacio, saca todos los ingredientes que vas a utilizar en la sesión de cocina, menos la bolsita de ensalada y 1 bloque de *feta*. Así lo tendrás todo a mano y no perderás tiempo buscando los ingredientes.
2. Saca también todos los utensilios necesarios:

* 1 tabla de cortar
* 1 pelador
* 1 trapo limpio
* 1 molde de tarta
* 1 vaporera
* 1 cazuela
* 2 ollas grandes
* 1 batidora de mano (o 1 licuadora)
* 7 recipientes: 4 fiambreras grandes para la macedonia de frutas, las verduras al vapor, las tortitas de trigo sarraceno y la crema de espinacas; 1 fiambrera mediana para la compota de fruta; 2 fiambreras pequeñas (o 2 tarros) para la salsa verde y la vinagreta
* 1 bolsita para la menta
* film alimentario, papel de horno y papel de cocina

¡A cocinar durante 2 horas!

Precalienta el horno a 180 °C (t. 6).
Prepara la fruta y la verdura.

1. Las espinacas. Lávalas con abundante agua, escúrrelas y córtalas en trozos grandes.

2. Los racimos de uva. Descobaja las uvas.

3. Las peras. Pélalas y córtalas en trocitos. Guarda el equivalente a 2 peras en una fiambrera y pon el resto en una olla. Parte el limón por la mitad y exprime un poco encima de las peras.

4. Las manzanas. Pélalas y córtalas en daditos. Guarda el equivalente a 2 manzanas en una fiambrera y pon el resto en la olla con las peras.

5. El puerro. Quita la parte verde, lávalo con abundante agua y córtalo fino.

6. La coliflor. Quita las hojas verdes, lávalas y pícalas. Corta los ramilletes y lávalos con agua.

7. La col picuda. Córtala en cuartos y lávala con agua.

8. La cabeza de brócoli. Corta los ramilletes y lávalos con agua.

9. Las cebollas. Pélalas y pícalas.

10. Los manojos de perejil, de cebollino y de menta. Lávalos y sécalos. Pícalos finos.

Empieza las cocciones y las preparaciones.

11. La tarta de espinacas y feta. Extiende la masa de hojaldre en un molde de tarta. Con un tenedor, pincha el fondo y añade la mitad de las espinacas, 1 bloque de *feta* desmigado, 1 buen pellizco de hojas de menta, sal y pimienta. En un cuenco, casca 4 huevos, vierte la nata líquida y bátelo todo con un tenedor. Vuélcalo sobre la masa con las espinacas y la *feta*. Hornea la tarta entre 20 y 25 minutos. Deja que se enfríe antes de taparla con film alimentario.

12. El trigo sarraceno. En una olla grande, hiérvelo siguiendo las indicaciones del paquete. Escúrrelo.

13. La macedonia de frutas. Exprime un chorrito de zumo de limón encima de las manzanas y las peras de la fiambrera y añade 1 buen puñado de uvas. Cierra el recipiente.

14. La compota de pera y manzana. Añade
1 clavo de olor a la olla con las manzanas y las
peras troceadas, vierte un vaso de agua y hiérvelas
durante 10 minutos removiendo de vez en cuando.
Incorpora 1 cucharada sopera de miel. Cháfalas
con un tenedor, remueve bien y deja que se enfríe.

**15. El solomillo de ternera salteado con uvas y
trigo sarraceno.** En una cazuela, sofríe 1 cebolla
con un buen chorro de aceite de oliva durante unos
minutos. Añade los solomillos de ternera troceados
y dóralos por todos los lados. Vierte un vaso de
agua, salpiméntalos y rehógalos a fuego suave
durante 15 minutos. Añade las uvas y un poco más
de agua, si es necesario, y continúa la cocción
durante 10 minutos más. Incorpora 4 cucharadas
grandes de trigo sarraceno y mézclalo bien. Deja
que se enfríe.

16. Las verduras al vapor. Cuece los ramilletes de
coliflor y de brócoli y la col picuda en la vaporera
entre 15 y 20 minutos. Deja que se enfríen.

17. La crema de espinacas. En una olla, sofríe
la cebolla con un chorro de aceite de oliva. Añade
las espinacas y cuécelas hasta que se reduzcan.
Incorpora 1 pastilla de caldo rallada y pimienta
negra. Vierte 60 centilitros de agua y hiérvelo todo
a fuego suave durante 15 minutos. Tritúralo y deja
que se enfríe.

18. Las tortitas de trigo sarraceno. En una sartén
grande, sofríe el puerro y las hojas verdes de la
coliflor con aceite de oliva durante unos minutos.
Mientras tanto, en un cuenco, casca 2 huevos y
bátelos con un tenedor. Salpiméntalos, añade 2
cucharadas soperas de perejil y el trigo sarraceno
restante. Mézclalo bien e incorpora las verduras

de la sartén. Vuelve a mezclarlo y forma tortitas. Guárdalas en una fiambrera.

19. La salsa verde. En el vaso de la batidora de mano, pon el resto del perejil, el cebollino y la mitad de la menta. Exprime ½ limón, añade las anchoas, 1 cucharadita de mostaza, las alcaparras (si es necesario, desálalas antes), abundante pimienta negra y 8 cucharadas de aceite de oliva. Tritúralo todo dejando algunos trocitos y, si hace falta, añade un poco más de aceite de oliva. Vierte la salsa en un tarro.

20. La vinagreta. En un tarro, pon 1 cucharadita de mostaza, 1 cucharada sopera de vinagre, 3 cucharadas soperas de aceite de oliva y 1 pellizco de menta. Emulsiónala y salpimiéntala.

Guarda la menta restante en una bolsita.

¡Todo listo! Deja que se enfríe.

Guarda en la nevera
- **la tarta de espinacas y *feta* (se conserva durante 3 días);**

- **la macedonia de frutas (se conserva durante 2 días);**

- **el solomillo de ternera salteado (se conserva durante 3 días);**

- **las verduras al vapor (se conservan durante 3 días);**

- **la salsa verde (se conserva durante 5 días);**

- **la vinagreta (se conserva durante 6 días);**

- **la bolsita de menta (se conserva durante 6 días).**

Guarda en el congelador
- **la crema de espinacas (se conserva durante 2 meses);**

- **las tortitas de trigo sarraceno (se conservan durante 2 meses);**

- **la compota de pera y manzana (se conserva durante 2 meses).**

¿Qué debes hacer antes de
Menú #3

Lunes

Plato principal
Tarta de espinacas y *feta*

Postre
Macedonia de uvas, peras y manzanas

Tiempo de recalentamiento:
15 minutos

Ingredientes: la tarta de espinacas y *feta,* la macedonia de frutas
Precalienta el horno a 180 °C (t. 6) y hornea la tarta durante 15 minutos.
Antes de sentarte a la mesa, saca la macedonia de frutas de la nevera.

Tiempo de recalentamiento:
15 minutos

Martes

Solomillo de ternera salteado con uvas y trigo sarraceno

Ingredientes: la cazuela con el solomillo de ternera salteado con uvas y trigo sarraceno
Caliéntala a fuego suave durante 15 minutos, removiendo de vez en cuando.

Miércoles

Verduras de otoño al vapor con salsa verde de anchoas

Tiempo de recalentamiento:
10 minutos

Ingredientes: las verduras al vapor y la salsa verde de anchoas
En una vaporera, calienta las verduras durante 10 minutos.
Sírvelas con la salsa verde.
Saca las tortitas del congelador y déjalas en la nevera para el día siguiente.

servir?

Jueves
Tortitas de trigo sarraceno con verduras y ensalada

<u>**Tiempo de preparación:**</u>
2 minutos
<u>**Tiempo de cocción:**</u>
8 minutos

Ingredientes: las tortitas de trigo sarraceno, la vinagreta, la ensalada y aceite de oliva

En una sartén, dora las tortitas durante 4 minutos por cada lado con aceite de oliva.

Vierte la vinagreta en una ensaladera y añade la ensalada.

<u>**Saca del congelador la crema de espinacas y la compota de pera y manzana y déjalas en la nevera para el día siguiente.**</u>

<u>**Tiempo de preparación:**</u>
2 minutos
<u>**Tiempo de recalentamiento:**</u>
10 minutos

Viernes

Plato principal
Crema de espinacas frescas con daditos de *feta* y hierbas aromáticas

Postre
Compota de pera y manzana con miel y clavo

Ingredientes: la crema de espinacas, los daditos de *feta,* la menta, aceite de oliva y la compota de fruta

Vierte la crema de verduras en una olla y caliéntala a fuego suave durante 10 minutos. Repártela en 4 cuencos y decórala con *feta* desmigada, un poco de menta y un chorrito de aceite de oliva.

Sirve la compota de pera y manzana con miel y clavo en una fuente.

Estas indicaciones son las ideales si has preparado el menú para cenar en casa. Pero si has cocinado para comer al día siguiente en el trabajo, en general bastará con que ultimes la preparación la noche antes y calientes la comida en el microondas de la oficina.

Menú

Menú #4

Lunes

Calabaza al horno con salsa de *tahini* y limón, acompañada de brotes de achicoria roja

Martes

Entrante
Achicoria roja con ajo confitado
Plato principal
Pollo asado con castañas y chirivías

Miércoles

Risotto de cereales integrales con hierbas aromáticas

Jueves

Entrante
Humus
Plato principal
Bacalao con romanesco al vapor

Viernes

Crema de calabaza y castañas, acompañada de pan con queso crema, cebollino y pimienta negra

Lista de la compra

Verduras/Fruta

4 calabazas medianas

1 achicoria roja

2 cebollas

4 chirivías

2 romanescos

1 manojo de estragón

1 manojo de cebollino

3 limones

1 cabeza de ajo

Carne/Pescado

1 pollo de corral

4 lomos de bacalao

Lácteos

1 paquete de queso crema de tipo Philadelphia®

Varios

1 tarro grande de castañas

1 tarro de garbanzos cocidos

500 g de cereales integrales mezclados

1 tarrito de *tahini*

1 pan de cereales cortado

Despensa básica

aceite de oliva

vinagre

sal

pimienta negra

mostaza

2 pastillas de caldo de verduras

comino

Antes de empezar

1. Si tienes suficiente espacio, saca todos los ingredientes que vas a utilizar en la sesión de cocina, menos los lomos de bacalao, que debes congelar, el pan de cereales, el queso crema y 1 limón. Así lo tendrás todo a mano y no perderás tiempo buscando los ingredientes.

2. Saca también todos los utensilios necesarios:
* 1 tabla de cortar
* 1 pelador
* 1 trapo limpio
* 1 bandeja para el horno
* 1 fuente grande para el horno
* 1 cazuela
* 2 ollas grandes (o 1 que tendrás que lavar en cuanto termines de cocer los alimentos)
* 1 batidora de mano (o 1 licuadora)
* 1 escurridor de ensalada
* 8 recipientes: 4 fiambreras grandes para la calabaza al horno, el *risotto* de cereales integrales, el romanesco al vapor y la crema de verduras; 2 fiambreras medianas para el humus y los lomos de bacalao; 2 tarritos para la salsa de *tahini* y limón y la vinagreta de ajo
* 3 bolsitas para el cebollino, el estragón y la ensalada de achicoria roja
* film alimentario, papel de horno y papel de cocina

¡A cocinar durante 2 horas!

Precalienta el horno a 180 °C (t. 6).
Prepara las verduras.

1. Las calabazas. Lávalas, córtales las puntas, parte las calabazas por la mitad y quítales las semillas. Corta 3 calabazas en 3 trozos y la otra en dados.

2. La achicoria roja. Quita las hojas exteriores, lava la achicoria roja y escúrrela bien. Guárdala en una bolsita.

3. Las cebollas. Pélalas y pícalas.

4. Las chirivías. Pélalas y déjalas enteras, salvo que sean demasiado grandes.

5. Los romanescos. Corta los ramilletes y lávalos con agua.

6. El manojo de estragón. Lávalo con abundante agua y sécalo bien.

7. El manojo de cebollino. Lávalo con abundante agua, sécalo bien y córtalo fino.

8. Los limones. Pártelos por la mitad y exprímelos.

9. La cabeza de ajo. Pela 2 dientes de ajo y conserva los demás con piel.

Empieza las cocciones y las preparaciones.

10. La calabaza al horno. Cubre una bandeja para el horno con papel de hornear y reparte los trozos de calabaza y los dientes de ajo sin pelar. Añade un chorrito de aceite de oliva, sal y pimienta negra. Hornéalos durante 30 minutos. Deja que se enfríen antes de guardarlos en una fiambrera. Reserva 1 diente de ajo en un tarro para la vinagreta.

11. El pollo asado. En una fuente grande para el horno, pon el pollo y, alrededor, las chirivías y las ramitas de estragón. Añade un chorrito de aceite de oliva, sal y pimienta negra. Hornéalo durante 1 hora y, 10 minutos antes de que termine la cocción, incorpora 4 cucharadas soperas de castañas. Deja que se enfríe antes de taparlo con film alimentario.

12. El romanesco al vapor. Cuece los ramilletes de romanesco al vapor entre 10 y 15 minutos. Ponlos debajo del grifo de agua fría.

13. La crema de calabaza y castañas. En una olla, sofríe 1 cebolla con un chorrito de aceite de oliva. Añade los dados de calabaza y 1 pastilla de caldo de verduras rallada. Cúbrelo todo con agua y cuécelo a fuego suave entre 15 y 20 minutos. Salpimiéntalo, incorpora el resto de las castañas y tritúralo hasta obtener una textura de crema. Deja que se enfríe.

14. El *risotto* de cereales integrales. En una sartén, sofríe la cebolla restante con un chorrito de aceite de oliva durante unos minutos. Añade los cereales integrales y 1 pastilla de caldo de verduras rallada. Vierte un vaso de agua y espera a que rompa a hervir. Ve añadiendo agua hasta que los cereales queden bien tiernos. Incorpora ¾ del cebollino, remueve, salpimiéntalo y deja que se enfríe.

15. El humus. En el vaso de una batidora, vuelca los garbanzos cocidos con la mitad de su jugo, añade la mitad del zumo de limón, 3 cucharadas soperas de *tahini*, 1 diente de ajo pelado, 1 cucharada sopera de comino y 1 buen pellizco de sal. Tritúralo bien, pruébalo y viértelo en una fiambrera. Rocíalo con un chorro de aceite de oliva.

16. La salsa de *tahini* y limón. En un cuenco, vierte el resto del zumo de limón, añade 100 gramos de *tahini*, el último diente de ajo, 2 cucharadas soperas de agua y 1 buen pellizco de sal. Tritúralo todo hasta obtener una crema espesa. Si es necesario, añade agua. Vuélcalo en un tarro y guárdalo en la nevera.

17. La vinagreta de ajo. Añade al tarro con el diente de ajo confitado 1 cucharada sopera de vinagre y 3 cucharadas soperas de aceite de oliva, sal y pimienta negra.

¡Todo listo! Deja que se enfríe.

Guarda en la nevera
- los trozos de calabaza con ajos (se conservan durante 4 días);

- la bolsita de achicoria roja (se conserva durante 2 días);

- el pollo asado (se conserva durante 3 días);

- el *risotto* (se conserva durante 3 días);

- el humus (se conserva durante 4 días);

- la salsa de *tahini* y limón (se conserva durante 3 días);

- la vinagreta de ajo confitado (se conserva durante 5 días);

- las bolsitas de cebollino y de estragón (se conservan durante 6 días).

Guarda en el congelador
- el romanesco al vapor (se conserva durante 2 meses);

- los lomos de bacalao (se conservan durante 2 meses);

- la crema de calabaza y castañas (se conserva durante 2 meses).

Menú #4

Lunes

Calabaza al horno con salsa de *tahini* y limón, acompañada de brotes de achicoria roja

Tiempo de recalentamiento:
10 minutos

Ingredientes: la calabaza al horno, la salsa de *tahini* y limón y 1 puñado de achicoria roja
Precalienta el horno a 180 °C (t. 6). Pon la calabaza en una fuente y hornéala durante 10 minutos. Espolvoréala con achicoria roja y sírvela con la salsa de *tahini* y limón.

Tiempo de preparación:
5 minutos
Tiempo de recalentamiento:
15 minutos

Martes

Entrante
Achicoria roja con ajo confitado

Plato principal
Pollo asado con castañas y chirivías

Ingredientes: la achicoria roja restante, la vinagreta de ajo confitado y el pollo asado con castañas y chirivías
Precalienta el horno a 180 °C (t. 6). Hornea el pollo asado durante 15 minutos.
Vierte la vinagreta en una ensaladera, quita el diente de ajo confitado y añade la ensalada de achicoria roja.

Miércoles

***Risotto* de cereales integrales con hierbas aromáticas**

Tiempo de recalentamiento:
10 minutos

Ingredientes: el *risotto* de cereales integrales, estragón y aceite de oliva
Calienta el *risotto* a fuego suave y, si es necesario, añade un poco de agua. Espolvoréalo con estragón y sazónalo con 1 chorrito de aceite de oliva.
Saca del congelador el romanesco y los lomos de bacalao y déjalos en la nevera para el día siguiente.

Jueves

Entrante
Humus

Plato principal
Bacalao con
romanesco al vapor

**Tiempo de recalentamiento
y de cocción:**
10 minutos

Ingredientes: el humus, 4 rebanadas de pan, el bacalao, el romanesco, aceite de oliva, 1 limón, sal y pimienta
Tuesta el pan y unta las rebanadas con humus.
Precalienta el horno a 180 °C (t. 6). En una fuente, pon el romanesco al vapor, añade los lomos de bacalao, 1 chorrito de aceite de oliva, sal, pimienta negra y zumo de limón. Hornéalo durante 10 minutos.
Saca la crema de calabaza y castañas del congelador y déjala en la nevera para el día siguiente.

Tiempo de preparación:
10 minutos
Tiempo de recalentamiento:
10 minutos

Viernes
Crema de calabaza y castañas, acompañada de pan con queso crema, cebollino y pimienta negra

Ingredientes: la crema de calabaza y castañas, 4 rebanadas de pan, el queso crema, el cebollino y el estragón restantes y pimienta negra
Vierte la crema de verduras en una olla y caliéntala a fuego suave durante 10 minutos.
Tuesta el pan, unta las rebanadas con queso crema y espolvoréalas con pimienta negra, cebollino y hojas de estragón.
Incorpora el resto del queso a la crema de calabaza y castañas y remuévela bien.

Estas indicaciones son las ideales si has preparado el menú para cenar en casa. Pero si has cocinado para comer al día siguiente en el trabajo, en general bastará con que ultimes la preparación la noche antes y calientes la comida en el microondas de la oficina.

Invierno

Menú

Menú #1

Lunes

Entrante
Carpaccio de naranjas con aceite de oliva
Plato principal
Salmón asado con endivias al vapor

Martes

Hinojo caramelizado con naranja y arroz salvaje

Miércoles

Plato principal
Quiche ligera de requesón y ensalada verde
Postre
Compota de ciruelas con té y naranja

Jueves

Gratinado de endivias con trucha ahumada,
nata ligera, limón y hojas de hinojo

Viernes

Sopa de arroz salvaje con verduras

Lista de la compra

Verduras/Fruta

5 naranjas ecológicas

5 hinojos grandes

2 ramas de apio

16 endivias

2 zanahorias (de dos colores diferentes)

1 limón

1 manojo de eneldo

1 manojo de perejil

1 manojo de cebollino

1 bolsita de ensalada verde

Carne/Pescado

150 g de tacos de tocino ahumado

4 lomos de salmón

4 lonchas grandes de trucha ahumada

Lácteos

200 g de requesón

35 cl de nata ligera

200 g de queso gruyer rallado

Varios

4 huevos

250 g de ciruelas pasas sin hueso

500 g de arroz salvaje

Despensa básica

2 pastillas de caldo de verduras ecológicas

aceite de oliva

vinagre

mostaza

pimienta negra

flor de sal

sal

nuez moscada

1 bolsita de té Earl Grey

sirope de arce

Antes de empezar

1. Si tienes suficiente espacio, saca todos los ingredientes que vas a utilizar en la sesión de cocina, menos la bolsita de ensalada. Así lo tendrás todo a mano y no perderás tiempo buscando los ingredientes.
2. Saca también todos los utensilios necesarios:
* 1 tabla de cortar
* 1 pelador
* 1 trapo limpio
* 2 bandejas para el horno
* 1 molde de tarta
* 2 ollas grandes (o 1 que tendrás que lavar en cuanto termines de cocer los alimentos)
* 1 cazuela
* 1 sartén
* 1 vaporera
* 1 batidora de mano (o 1 licuadora)
* 1 plato grande para servir (para el *carpaccio*)
* 6 recipientes: 3 fiambreras grandes para las endivias al vapor, el hinojo con naranja y la sopa de arroz con verduras; 2 fiambreras medianas para la compota de ciruelas y el arroz salvaje; 1 tarrito para la vinagreta
* 3 bolsitas para el cebollino, el perejil y el eneldo
* film alimentario, papel de horno y papel de cocina

¡A cocinar durante 2 horas!

**Precalienta el horno a 180 ºC (t. 6).
Prepara la fruta y la verdura.**

1. Las naranjas ecológicas. Lava 1 naranja y, con un pelador, corta tiras anchas de la piel para la compota de ciruelas. A continuación, exprímela y reserva el zumo. Pela las otras 4 naranjas y córtalas en rodajas finas para el *carpaccio*. Coloca las rodajas en un plato grande. Añade un chorrito de aceite de oliva y 1 pellizco de flor de sal. Tápalas con film alimentario.

2. Los hinojos. Lávalos con abundante agua y quítales los tallos. Pica los tallos y las hojas. Corta 1 hinojo en trocitos y los otros 4 en cuartos.

3. Las ramas de apio. Lávalas con agua, corta las hojas y pícalas. A continuación, corta las ramas muy finas.

4. Las endivias. Lávalas con abundante agua, ponlas en la vaporera y cuécelas durante 20 minutos. Guarda 8 en una fiambrera y reserva el resto para el gratinado.

5. Las zanahorias. Pélalas y córtalas en rodajas muy finas.

6. El limón. Rállalo y guárdalo en la nevera envuelto con film alimentario.

7. El manojo de eneldo. Lávalo con agua, sécalo y córtalo fino.

8. El manojo de perejil. Lávalo con agua, sécalo y córtalo fino.

9. El manojo de cebollino. Lávalo con agua, sécalo y córtalo fino.

Empieza las cocciones y las preparaciones.

10. La quiche ligera de requesón. En una sartén, dora los tacos de tocino durante 5 minutos y luego déjalos encima de papel de cocina para que este absorba el exceso de grasa. Cubre un molde de tarta con papel de horno. En un cuenco, casca 4 huevos, añade el requesón, 1 pellizco de nuez moscada, sal y pimienta negra. Bátelo todo con un tenedor. Incorpora los tacos de tocino, ¾ partes del gruyer rallado y la mitad del cebollino picado, mézclalo y vuélcalo en el molde de tarta. Hornea la quiche entre 25 y 30 minutos. Deja que se enfríe antes de taparla con film alimentario.

11. El salmón al horno. Coloca los lomos de salmón en una bandeja para el horno. Espolvoréalos con ralladura de limón, eneldo y hojas de apio picadas. Añade un chorrito de aceite de oliva, sal y pimienta negra. Hornéalo durante 10 minutos. Deja que se enfríe antes de taparlo con film alimentario.

12. El arroz salvaje. En una olla grande con sal, hiérvelo siguiendo las indicaciones del paquete. Escúrrelo y guarda la mitad en una fiambrera.

13. El gratinado de endivias con trucha ahumada. Envuelve 2 endivias al vapor con 1 loncha de trucha ahumada y colócalas en la bandeja para el horno. Sigue el mismo procedimiento hasta que se terminen los ingredientes. Espolvoréalas con hojas de hinojo picadas, eneldo, ralladura de limón y abundante

pimienta negra. Vierte la nata ligera, cúbrelas con el gruyer rallado restante y hornéalas durante 15 minutos. Deja que se enfríen, tápalas con film alimentario y guárdalas en la nevera.

14. El hinojo caramelizado. En una cazuela, dora los trozos de hinojo con aceite de oliva hasta que cambien de color. Vierte ½ vaso de agua y rehógalos a fuego suave entre 15 y 20 minutos, hasta que estén bien tiernos. Añade el zumo de naranja y 1 chorrito de sirope de arce, remuévelo todo y salpimiéntalo. Cuécelo unos minutos más antes de dejarlo enfriar.

15. La compota de ciruelas con té y naranja. En una olla grande, pon las ciruelas pasas, añade 1 bolsita de té Earl Grey y la piel de naranja. Vierte un vaso de agua y hiérvelo todo a fuego suave entre

15 y 20 minutos. Deja que se enfríe, quita la bolsita de té, prueba la compota y endúlzala (o no) a tu gusto con sirope de arce.

16. La sopa de arroz salvaje con verduras.

Vierte 1 litro de agua en una olla grande. Añade los trocitos de zanahoria, el apio, el hinojo cortado en trocitos y 1 o 2 pastillas de caldo de verduras ralladas. Hiérvelo todo a fuego suave durante 10 minutos; las verduras deben quedar al dente. Deja que se enfríe. Pon la mitad del arroz ya hervido en una fiambrera grande, vierte el caldo de verduras frío sobre el arroz y añade todas las hojas picadas que te queden y un poco de cebollino, de perejil y de eneldo.

17. La vinagreta.

En un tarro, mezcla 1 cucharadita de mostaza, 1 cucharada sopera de vinagre, 3 cucharadas soperas de aceite de oliva, sal y pimienta negra. Emulsiónalo.

¡Todo listo! Deja que se enfríe.

Guarda en la nevera

- el limón rallado envuelto con film alimentario (se conserva durante 1 semana);

- el *carpaccio* de naranjas (se conserva durante 3 días);

- las endivias al vapor (se conservan durante 2 días);

- la quiche de requesón (se conserva durante 3 días);

- el salmón asado (se conserva durante 2 días);

- el arroz salvaje (se conserva durante 3 días);

- el hinojo caramelizado (se conserva durante 3 días);

- la compota de ciruelas con té y naranja (se conserva durante 8 días);

- la vinagreta (se conserva durante 6 días);

- las bolsitas de hierbas aromáticas (se conservan durante 6 días).

Guarda en el congelador

- el gratinado de endivias con trucha ahumada (se conserva durante 2 meses);

- la sopa de arroz salvaje con verduras (se conserva durante 2 meses).

¿Qué debes hacer antes de

Menú #1

Lunes

Entrante
Carpaccio de naranjas con aceite de oliva

Plato principal
Salmón asado con endivias al vapor

Tiempo de recalentamiento:
10 minutos

Ingredientes: el *carpaccio* de naranjas con aceite de oliva, los lomos de salmón, las endivias, 1 limón, perejil, eneldo y aceite de oliva
Saca de la nevera el *carpaccio* de naranjas para que no esté demasiado frío.
Precalienta el horno a 180 °C (t. 6). En la bandeja con el salmón, incorpora las endivias al vapor reservadas y hornéalo todo durante 10 minutos. Parte el limón en dos, exprime la mitad, vierte el zumo encima del salmón, envuelve el ½ limón restante con film alimentario y guárdalo en la nevera para el jueves. Antes de servir el salmón, sazónalo con un chorrito de aceite de oliva y un poco de eneldo y de perejil.

Tiempo de recalentamiento:
10 minutos

Martes

Hinojo caramelizado con naranja y arroz salvaje

Ingredientes: el hinojo caramelizado con naranja, el arroz salvaje hervido, aceite de oliva y pimienta negra
En una cazuela, o en 2 ollas distintas, calienta a fuego suave el hinojo caramelizado y el arroz salvaje. Antes de servirlo, añade un chorrito de aceite de oliva y pimienta negra.

Miércoles

Plato principal
Quiche ligera de requesón y ensalada verde

Postre
Compota de ciruelas con té y naranja

Tiempo de preparación:
2 minutos
Tiempo de recalentamiento:
15 minutos

Ingredientes: la quiche de requesón, la ensalada verde, la vinagreta, perejil y la compota de ciruelas con té y naranja
Precalienta el horno a 180 °C (t. 6) y hornea la quiche de requesón durante 15 minutos.
Saca la compota de ciruelas de la nevera y sírvela en una fuente.
Vierte la vinagreta en una ensaladera, añade el perejil y la ensalada.
Saca el gratinado del congelador y déjalo en la nevera para el día siguiente.

servir?

Jueves

Gratinado de endivias con trucha ahumada, nata ligera, limón y hojas de hinojo

Tiempo de recalentamiento:
10 minutos

Ingredientes: el gratinado de endivias con trucha ahumada y el limón restante

Precalienta el horno a 180 °C (t. 6). Hornea el gratinado durante 15 minutos. Sírvelo con zumo de limón.
Saca la sopa del congelador y déjala en la nevera para el día siguiente.

Tiempo de recalentamiento:
10 minutos

Viernes

Sopa de arroz salvaje con verduras

Ingredientes: la sopa de arroz salvaje con verduras y las hierbas aromáticas restantes

En una olla, calienta la sopa a fuego suave durante 10 minutos. Antes de servirla, espolvoréala con las hierbas aromáticas.

Estas indicaciones son las ideales si has preparado el menú para cenar en casa. Pero si has cocinado para comer al día siguiente en el trabajo, en general bastará con que ultimes la preparación la noche antes y calientes la comida en el microondas de la oficina.

Menú

Cesta de la compra

Menú #2

Lunes

Entrante
Caldo de verduras exprés con hierbas aromáticas
Plato principal
Ensalada de endivias, nueces y roquefort con pan integral tostado

Martes

Cerdo asado con salvia, acompañado de «patatas fritas» de apionabo

Miércoles

Guiso de verduras de invierno con cereales

Jueves

Plato principal
Vieiras a la sartén con puerros al vapor
Postre
Fruta de la pasión con lima

Viernes

Crema de apionabo con roquefort, acompañada
de una rebanada de pan con cecina

Lista de la compra

Verduras/Fruta

1 calabaza pequeña

1 boniato

2 chirivías

4 zanahorias

4 endivias

4 apionabos

2 cebollas

5 puerros grandes

1 manojo de cilantro

1 manojo de cebollino

2 limas

4 frutas de la pasión

Carne/Pescado

1 lomo de cerdo
(para 4 personas)

entre 12 y 16 vieiras
(preparadas por el
pescadero)

8 lonchas de cecina
(1 paquete)

Lácteos

2 bloques de roquefort

Varios

100 g de nueces

125 g de cereales de
cocción exprés

1 pan integral o de cereales
cortado (para el lunes
y el viernes)

Despensa básica

aceite de oliva

vinagre de miel

mostaza en grano
(o de otro tipo)

sal

pimienta negra

hojas de salvia o salvia
en polvo

4 pastillas de caldo
de verduras ecológicas

Antes de empezar

1. Si tienes suficiente espacio, saca todos los ingredientes que vas a utilizar en la sesión de cocina, menos el pan integral o de cereales cortado, la cecina, 1 bloque de roquefort, las limas y las frutas de la pasión. Así lo tendrás todo a mano y no perderás tiempo buscando los ingredientes.
2. Saca también todos los utensilios necesarios:
* 1 tabla de cortar
* 1 pelador
* 1 trapo limpio
* 1 vaporera
* 1 fuente para el horno
* 1 cazuela
* 2 ollas grandes (o 1 que tendrás que lavar en cuanto termines de cocer los alimentos)
* 1 sartén
* 1 batidora de mano (o 1 licuadora)
* 6 recipientes: 5 fiambreras grandes para el caldo (o 1 botella), la ensalada de endivias, la crema de apionabo, las vieiras y los puerros al vapor; 1 tarrito para la vinagreta
* 2 bolsitas para el cebollino y el cilantro
* film alimentario, papel de horno y papel de cocina

¡A cocinar durante 2 horas!

Precalienta el horno a 180 ºC (t. 6).
Prepara la fruta y la verdura.

1. La calabaza. Lávala, pártela por la mitad, quítale las semillas y córtala en daditos.

2. El boniato. Pélalo y córtalo en daditos.

3. Las chirivías. Pélalas y córtalas en trocitos.

4. Las zanahorias. Pélalas y córtalas en trocitos.

5. Las endivias. Lávalas con agua, sécalas y córtalas en rodajas. Guárdalas en una fiambrera.

6. Los apionabos. Pélalos, corta 2 apionabos en forma de patatas fritas gruesas y los otros 2 en daditos.

7. Las cebollas. Pélalas y pícalas.

8. Los puerros grandes. Quita la parte verde, lava la parte blanca con agua y corta 1 puerro muy fino.

9. El manojo de cilantro. Lávalo con agua, sécalo y córtalo fino.

10. El manojo de cebollino. Lávalo con agua, sécalo y córtalo fino.

Empieza las cocciones y las preparaciones.

11. El cerdo asado con salvia y las «patatas fritas» de apionabo. En el centro de una fuente para el horno, coloca el lomo de cerdo y, alrededor, las «patatas fritas» de apionabo. Añade 1 puñado de cebolla picada sobre la carne, espolvoréala generosamente con salvia, sal y pimienta y echa un chorrito de aceite de oliva por encima de todos los ingredientes. Hornéalo entre 30 y 35 minutos. A media cocción, remueve las «patatas fritas» de apionabo. Deja que se enfríe antes de taparlo con film alimentario.

12. Los puerros. Cuece al vapor los 4 puerros enteros durante 15 minutos y guárdalos en una fiambrera, enrollando cada uno sobre sí mismo.

13. Las nueces. En una sartén sin aceite, tuesta las nueces durante 2 minutos. Espolvorea la mitad encima de las endivias. Reserva el resto.

14. Los cereales. Cuece los cereales siguiendo las indicaciones del paquete, escúrrelos y resérvalos.

15. El guiso de verduras de invierno con cereales. En una cazuela, sofríe durante unos minutos la mitad de la cebolla restante y el puerro cortado fino con aceite de oliva. Añade los daditos de calabaza, de chirivía, de zanahoria y de boniato, 1 pastilla de caldo de verduras rallada y abundante pimienta negra. Mézclalo todo, vierte un vaso de agua y rehógalo a fuego suave entre 15 y 20 minutos. Deja que se enfríe y, antes de guardarlo en la nevera, incorpora las nueces tostadas restantes y los cereales hervidos.

16. Las vieiras. En una sartén grande con un chorrito de aceite de oliva, coloca las vieiras y fríelas durante 2 minutos por cada lado. Desglásalas con un chorrito de vinagre y salpimiéntalas. Guárdalas en una fiambrera.

17. La crema de apionabo. En una olla, sofríe el resto de la cebolla picada con un chorrito de aceite de oliva. Añade 1 pastilla de caldo de verduras rallada y los daditos de apionabo. Vierte 80 centilitros de agua y salpimiéntalo todo. Hiérvelo durante 20 minutos y tritúralo. Pruébalo y, si es necesario, rectifica de sal.

18. El roquefort. Desmiga 1 bloque de roquefort encima de las endivias y las nueces.

19. La vinagreta. En un tarro, mezcla 1 cucharadita de mostaza, 1 cucharada sopera de vinagre de miel y 3 cucharadas soperas de aceite de oliva. Salpimiéntala y emulsiónala. Añade 1 pellizco de cebollino.

¡Todo listo! Deja que se enfríe.

Guarda en la nevera

- el cerdo asado con «patatas fritas» de apionabo (se conserva durante 3 días);

- el guiso de verduras de invierno con cereales (se conserva durante 3 días);

- las endivias con nueces y roquefort (se conservan durante 2 días);

- la vinagreta (se conserva durante 6 días);

- las bolsitas de hierbas aromáticas (se conservan durante 6 días).

Guarda en el congelador

- los puerros al vapor (se conservan durante 2 meses);

- las vieiras (se conservan durante 2 meses);

- la crema de apionabo (se conserva durante 2 meses).

¿Qué debes hacer antes de

Menú #2

Lunes

Entrante
Caldo de verduras exprés con hierbas aromáticas

Plato principal
Ensalada de endivias, nueces y roquefort con pan integral tostado

Tiempo de preparación:
10 minutos

Ingredientes: el cebollino, la mitad del cilantro, 2 pastillas de caldo de verduras ecológicas, las endivias con nueces y roquefort, la vinagreta y 4 rebanadas de pan
Pon a hervir 80 centilitros de agua y disuelve las pastillas de caldo de verduras. Añade las hierbas aromáticas.
Tuesta las rebanadas de pan.
En una ensaladera, vierte la vinagreta y añade las endivias, las nueces y el roquefort. Mézclalo.

Tiempo de recalentamiento:
15 minutos

Martes

Cerdo asado con salvia, acompañado de «patatas fritas» de apionabo

Ingredientes: el cerdo asado con salvia y las «patatas fritas» de apionabo
Precalienta el horno a 180 °C (t. 6). Añade un vaso de agua a la fuente para que el cerdo no quede seco y hornéalo durante 15 minutos.

Miércoles

Guiso de verduras de invierno con cereales

Tiempo de recalentamiento:
10 minutos

Ingredientes: la cazuela con el guiso de verduras, cilantro, aceite de oliva y pimienta negra
Calienta el guiso de verduras de invierno con cereales a fuego suave en la misma cazuela, removiendo de vez en cuando. Si es necesario, añade un poco de agua. Antes de servirlo, sazónalo con un chorrito de aceite de oliva, cilantro y pimienta negra.
Saca del congelador las vieiras y los puerros y déjalos en la nevera para el día siguiente.

Jueves

Tiempo de preparación:
5 minutos
Tiempo de recalentamiento:
10 minutos

Plato principal
Vieiras a la sartén
con puerros al vapor

Postre
Fruta de la pasión
con lima

Ingredientes: las vieiras a la sartén, los puerros al vapor, aceite de oliva, sal, pimienta negra, 2 limas y 4 frutas de la pasión
Precalienta el horno a 180 ºC (t. 6). Extiende una hoja grande de papel de horno sobre la encimera de la cocina. En el centro, coloca los puerros enrollados sobre sí mismos y, alrededor e incluso en medio, las vieiras. Añade un chorrito de aceite de oliva, sal y pimienta negra. Cierra bien las papillotes y hornéalas durante 10 minutos.
Corta las frutas de la pasión por la mitad, colócalas en una bandeja para servir y rocíalas con zumo de lima.
Saca la crema de apionabo del congelador y déjala en la nevera para el día siguiente.

Tiempo de preparación:
10 minutos
Tiempo de recalentamiento:
10 minutos

Viernes

Crema de apionabo con roquefort, acompañada de una rebanada de pan con cecina

Ingredientes: la crema de apionabo, 1 bloque de roquefort, 4 rebanadas de pan, la cecina, el cilantro restante, aceite de oliva y pimienta negra
En una olla, vierte la crema de verduras y caliéntala a fuego suave durante 10 minutos.
Mientras tanto, tuesta el pan. Corta el roquefort en 4 trozos iguales.
Sirve la crema de apionabo en 4 cuencos o platos hondos. Decórala con roquefort desmigado, un chorrito de aceite de oliva y cilantro.
Reparte las lonchas de cecina en las rebanadas de pan tostado y salpimiéntalas.

Estas indicaciones son las ideales si has preparado el menú para cenar en casa. Pero si has cocinado para comer al día siguiente en el trabajo, en general bastará con que ultimes la preparación la noche antes y calientes la comida en el microondas de la oficina.

Menú

Menú #3

Lunes

Plato principal
Calabaza violín rellena de carne picada con hierbas aromáticas
Postre
Granada con flor de azahar y limón

Martes

Crozets con puerros

Miércoles

Chili con carne y verduras

Jueves

Verduras al horno a la provenzal y escarola con vinagreta de ajo

Viernes

Plato principal
Sopa picante de alubias rojas
Postre
Helado exprés de plátano y limón

Lista de la compra

Verduras/Fruta

2 calabazas violín

4 nabos morados grandes

6 boniatos medianos

6 zanahorias grandes

6 cebollas

2 puerros

1 cabeza de ajo

2 limones ecológicos

6 plátanos maduros

1 manojo de cilantro

1 manojo de perejil

1 bandeja grande de granada pelada

1 bolsita de escarola

Carne

1 kg de carne picada

1 trozo (de unos 10 cm) de chorizo picante

Lácteos

4 yogures de oveja

Varios

400 g de *crozets* (pasta cuadrada de trigo sarraceno) o similar

2 tarros de alubias rojas (unos 400 g)

3 botes de tomate triturado (unos 400 g)

Despensa básica

aceite de oliva

vinagre

orégano

comino

especias para chili

sal

pimienta negra

3 pastillas de caldo de verduras

miel

agua de flor de azahar

Antes de empezar

1. Si tienes suficiente espacio, saca todos los ingredientes que vas a utilizar en la sesión de cocina, menos la bolsita de escarola y los yogures de oveja. Así lo tendrás todo a mano y no perderás tiempo buscando los ingredientes.
2. Saca también todos los utensilios necesarios:

* 1 tabla de cortar
* 1 pelador
* 1 trapo limpio
* 2 fuentes para el horno (una de las cuales se pueda poner en el congelador)
* 1 sartén
* 1 cazuela
* 1 olla grande
* 1 batidora de mano (o 1 licuadora)
* 6 recipientes: 4 fiambreras grandes para los *crozets* con puerros, el chili con carne, la sopa de alubias rojas y el helado de plátano y limón; 1 fiambrera mediana para la granada; 1 fiambrera pequeña (o 1 tarrito) para la vinagreta
* 2 bolsitas para el cilantro y el perejil
* film alimentario, papel de horno y papel de cocina

¡A cocinar durante 2 horas!

Precalienta el horno a 180 °C (t. 6).
Prepara la fruta y la verdura.

1. Las calabazas. Parte las calabazas por la mitad longitudinalmente. Quítales las semillas y un poco de la pulpa para rellenarlas. Pica la pulpa que hayas sacado.

2. Los nabos morados. Pélalos y córtalos en rodajas finas.

3. Los boniatos medianos. Pélalos. Corta 4 boniatos en rodajas finas y los otros 2 en trocitos.

4. Las zanahorias. Pélalas. Corta 6 zanahorias en rodajas finas y las otras 2 en dados.

5. Las cebollas. Pélalas. Corta 4 cebollas en rodajas y pica las otras 2.

6. Los puerros. Quítales la parte verde y lava la blanca con abundante agua. Córtalos muy finos.

7. La cabeza de ajo. Separa los dientes de ajo, quítales la piel y pícalos.

8. Los limones. Ralla 1 limón y exprime los 2.

9. Los plátanos. Pélalos, ponlos en una fiambrera, cháfalos un poco con un tenedor, añade un buen pellizco de ralladura de limón, vierte la mitad del zumo de limón, mézclalo todo y guárdalos de inmediato en el congelador.

10. El manojo de cilantro. Lávalo con agua, sécalo y córtalo fino.

11. El manojo de perejil. Lávalo con agua, sécalo y córtalo fino.

Empieza las cocciones y las preparaciones.

12. Las calabazas rellenas de carne. En una fuente para el horno, coloca las calabazas partidas por la mitad. En una sartén, sofríe 1 cebolla picada con un chorrito de aceite de oliva y añade el equivalente a 2 dientes de ajo. Remueve. Incorpora la mitad de la carne picada y cuécela bien. Vierte 1 bote de tomate triturado, la pulpa picada de las calabazas, orégano, sal y pimienta negra. Cuécelo todo entre 5 y 10 minutos. Rellena las calabazas con esa preparación y hornéalas entre 35 y 40 minutos. Deja que se enfríen antes de taparlas con film alimentario.

13. Las verduras al horno. Vierte un chorrito de aceite de oliva en una fuente grande para el horno. Ve intercalando las rodajas finas de zanahoria, de nabo morado, de cebolla y de boniato. Disuelve 1 pastilla de caldo de verduras en un vaso grande de agua hirviendo y viértelo encima de la preparación anterior. Añádele orégano y pimienta negra. Hornéalo durante 1 hora junto con las calabazas rellenas de carne o bien espera a que estén listas. Deja que se enfríe antes de taparlo con film alimentario.

14. El chili con carne. En una cazuela, sofríe la última cebolla picada con un chorrito de aceite de oliva. Añade el equivalente a 2 dientes de ajo picados y el resto de la carne. Cuécela bien e incorpora las zanahorias en dados y los boniatos troceados. Remueve y sazona con 1 cucharada sopera de comino, 1 de orégano y 2 cucharaditas de especias para chili. Incorpora 1 bote de tomate triturado, mézclalo y cúbrelo todo con agua. Añade 1 pastilla de caldo de verduras rallada. Rehógalo a fuego suave entre 20 y 25 minutos. Incorpora 1 tarro de alubias rojas. Mézclalo y, si es necesario, añade un poco de agua. Cuécelo a fuego suave durante 10 minutos más. Deja que se enfríe antes de guardarlo en una fiambrera grande. Espolvoréalo con perejil y cilantro. Remuévelo.

15. Los *crozets* con puerros. En una olla (o una sartén) grande, sofríe los puerros a fuego suave durante 5 minutos. Incorpora los *crozets* o la pasta que uses, cúbrelos con agua y cuécelos durante el tiempo que indique el paquete, añadiendo agua si es necesario. Salpimiéntalos. Deja que se enfríen.

16. La sopa de alubias rojas. En una olla, sofríe el ajo restante con aceite de oliva. Corta el chorizo en daditos e incorpóralo junto con el otro tarro de alubias rojas, 1 bote de tomate triturado y 1 pastilla de caldo de verduras. Añade comino, sal y pimienta negra, cúbrelo todo con agua y cuécelo a fuego suave durante 20 minutos. Prueba la sopa y, si es necesario, rectifica de especias. Deja que se enfríe.

17. La granada. Pon la granada pelada en una fiambrera, añade 1 pellizco de ralladura de limón y la mitad del zumo de limón restante, así como 1 cucharadita de agua de flor de azahar. Remueve.

18. La vinagreta. En un tarro, vierte el zumo y la ralladura de limón restantes, el ajo picado restante, 2 cucharadas soperas de vinagre, 4 cucharadas soperas de aceite de oliva, sal y pimienta negra.

¡Todo listo! Deja que se enfríe.

Guarda en la nevera
- las calabazas rellenas de carne (se conservan durante 2 días);

- el chili con carne (se conserva durante 3 días);

- los *crozets* con puerros (se conservan durante 2 días);

- la granada (se conserva durante 3 días);

- la vinagreta (se conserva durante 6 días);

- las bolsitas de cilantro y de perejil (se conservan durante 4 días).

Guarda en el congelador
- los plátanos (se conservan durante 2 meses);

- las verduras a la provenzal (se conservan durante 2 meses);

- la sopa de alubias rojas (se conserva durante 2 meses).

Menú #3

Lunes

Tiempo de recalentamiento:
15 minutos

Plato principal
Calabaza violín rellena de carne picada con hierbas aromáticas

Postre
Granada con flor de azahar y limón

Ingredientes: las calabazas rellenas, cilantro, perejil, pimienta negra y la granada con flor de azahar y limón
Precalienta el horno a 180 ºC (t. 6) y hornea las calabazas rellenas de carne picada durante 15 minutos. Antes de servirlas, espolvoréalas con hierbas aromáticas.
Pon la granada con flor de azahar y limón en una bandeja para servir.

Tiempo de recalentamiento:
10 minutos

Martes

Crozets
con puerros

Ingredientes: los *crozets* con puerros
Calienta los *crozets* con puerros en una olla. Si es necesario, añade un poco de agua.

Miércoles

Tiempo de recalentamiento:
10 minutos

Chili con carne y verduras

Ingredientes: el chili con carne y cilantro
Calienta el chili con carne a fuego suave durante 10 minutos. Antes de servirlo, espolvoréalo con cilantro.
Saca las verduras a la provenzal del congelador y déjalas en la nevera para el día siguiente.

servir?

Jueves

Verduras al horno a la provenzal y escarola con vinagreta de ajo

<u>Tiempo de preparación:</u>
2 minutos
<u>Tiempo de recalentamiento:</u>
15 minutos

Ingredientes: las verduras al horno, la escarola, la vinagreta y el perejil

Precalienta el horno a 180 °C (t. 6) y hornea las verduras a la provenzal durante 15 minutos.

Vierte la vinagreta en una ensaladera, añade la escarola y espolvoréala con perejil.

<u>Saca la sopa de alubias rojas del congelador y déjala en la nevera para el día siguiente.</u>

<u>Tiempo de preparación:</u>
10 minutos
<u>Tiempo de recalentamiento:</u>
15 minutos

Viernes

Plato principal
Sopa picante de alubias rojas

Postre
Helado exprés de plátano y limón

Ingredientes: la sopa de alubias rojas, el cilantro y el perejil restantes, los yogures de oveja, aceite de oliva y miel

Cuando vuelvas a casa, o media hora antes de preparar la cena, saca los plátanos del congelador.

En una olla, calienta la sopa de alubias rojas a fuego suave durante 15 minutos. Repártela en platos hondos o cuencos, añade 1 cucharada sopera de yogur en medio y 1 chorrito de aceite de oliva, y espolvoréala con cilantro, perejil y pimienta negra.

Justo antes de servir el postre, en el vaso de la batidora de mano, tritura los plátanos con los yogures de oveja. Añade un poco de miel a tu gusto.

Estas indicaciones son las ideales si has preparado el menú para cenar en casa. Pero si has cocinado para comer al día siguiente en el trabajo, en general bastará con que ultimes la preparación la noche antes y calientes la comida en el microondas de la oficina.

Menú

Menú #4

Lunes

Salmón asado con mango y cilantro

Martes

Entrante
Hojas de endivia rellenas de roquefort y nueces
Plato principal
Estofado de col lombarda con manzana

Miércoles

Guiso de lentejas verdinas con zanahoria y tofu ahumado

Jueves

Tarta *tatin* de endivias con sirope de arce y canónigos

Viernes

Plato principal
Crema de lentejas verdinas con curri y cilantro
Postre
Compota de mango con jengibre

Lista de la compra

Verduras/Fruta

8 endivias

1 col lombarda

4 zanahorias

1 cebolla

1 manojo de perejil

1 manojo de cilantro

8 mangos

1 limón

4 manzanas

1 bolsita de canónigos

Pescado

4 lomos de salmón

Lácteos

1 bloque de roquefort

Varios

1 bloque de tofu ahumado

1 masa quebrada

500 g de lentejas verdinas

20 cl de leche de coco

50 g de nueces

Despensa básica

aceite de oliva

vinagre

mostaza

sal

pimienta negra

1 pastilla de caldo de verduras

comino

curri

jengibre en polvo

sirope de arce

Antes de empezar

1. Si tienes suficiente espacio, saca todos los ingredientes que vas a utilizar en la sesión de cocina, menos la bolsita de canónigos, las nueces y el roquefort. Así lo tendrás todo a mano y no perderás tiempo buscando los ingredientes.
2. Saca también todos los utensilios necesarios:
* 1 tabla de cortar
* 1 pelador
* 1 trapo limpio
* 1 fuente para el horno
* 1 molde de tarta
* 1 cazuela
* 3 ollas grandes (o 1 que tendrás que lavar en cuanto termines de cocer los alimentos)
* 1 olla pequeña
* 1 batidora de mano (o 1 licuadora)
* 1 vaporera
* 6 recipientes: 3 fiambreras grandes para el guiso de lentejas, la crema de lentejas y la compota de mango con jengibre; 2 fiambreras medianas para el mango fresco y las hojas de endivia; 1 fiambrera pequeña (o 1 tarrito) para la vinagreta
* 2 bolsitas para el cilantro y el perejil
* film alimentario, papel de horno y papel de cocina

¡A cocinar durante 2 horas!

Precalienta el horno a 180 °C (t. 6).
Prepara la fruta y la verdura.

1. Las endivias. Lávalas con agua y quita 8 hojas grandes. Resérvalas en una fiambrera. A continuación, parte las endivias por la mitad, longitudinalmente. Cuécelas al vapor durante 15 minutos y resérvalas.

2. La col lombarda. Lávala y córtala en láminas.

3. Las zanahorias. Pélalas y córtalas en rodajas finas.

4. La cebolla. Pélala y pícala.

5. El manojo de perejil. Lávalo con agua, sécalo bien y córtalo fino.

6. El manojo de cilantro. Lávalo con agua, sécalo bien y córtalo fino.

7. Los mangos. Pélalos y córtalos en daditos. En una fiambrera, reserva el equivalente a 4 mangos. Exprime el limón y vierte un chorrito de zumo por encima del mango troceado de la fiambrera. Pon el resto del mango en una olla.

8. Las manzanas. Pélalas, córtalas en cuartos y quítales el corazón.

Empieza las cocciones y las preparaciones.

9. La tarta *tatin* de endivias con sirope de arce. Cubre el fondo del molde de tarta con papel de horno. En un cuenco pequeño, mezcla 1 cucharada sopera de sirope de arce con 2 cucharadas soperas de aceite de oliva, salpimiéntalo y viértelo en el papel de horno. Inclina el molde para que se impregne todo el fondo. Coloca las endivias cocidas al vapor encima, las unas junto a las otras. Desenrolla la masa quebrada y extiéndela encima de las endivias, doblando los bordes hacia el interior del molde. Hornea la tarta entre 25 y 30 minutos. Deja que se enfríe antes de taparla con film alimentario.

10. Los lomos de salmón. Coloca los lomos de salmón en una fuente para el horno y añade 1 chorrito de zumo de limón, 1 cucharadita de comino y 1 chorrito de aceite de oliva. Salpimiéntalos y hornéalos durante 10 minutos.

Deja que se enfríen antes de taparlos con film alimentario.

11. El estofado de col lombarda. En una cazuela, sofríe la cebolla picada con aceite de oliva durante unos minutos. Añade la col lombarda y 1 vaso de agua. Rehógalas con la tapa puesta durante 30 minutos, removiendo de vez en cuando. Vierte 1 chorrito de vinagre y mézclalo bien. Si es necesario, añade otro vaso de agua. Coloca las manzanas encima. Salpimiéntalo. Vuelve a poner la tapa y cuécelo durante 15 minutos más. Deja que se enfríe.

12. Las lentejas verdinas. En una olla grande, pon las lentejas, las zanahorias y 1 pastilla de caldo de verduras rallada. Cúbrelas con agua. Hiérvelas a fuego suave durante 20 minutos.
Mientras tanto, corta el tofu ahumado en daditos. Vuelca la mitad de las lentejas y las zanahorias cocidas en el vaso de la batidora de mano, añade 1 cucharada sopera de curri, la leche de coco y ¾ partes del cilantro. Tritúralo todo hasta obtener una textura de crema. Si es necesario, salpimiéntalo. Deja que se enfríe.

Añade a las lentejas y las zanahorias restantes los daditos de tofu y la mitad del perejil. Mézclalo bien y guarda el guiso en una fiambrera. Deja que se enfríe.

13. La compota de mango. Añade a la olla con el mango troceado un poco de agua y ½ cucharadita de jengibre en polvo. Hiérvelo durante 15 minutos.

14. La vinagreta. En un tarro, mezcla 1 cucharadita de mostaza, 1 cucharada sopera de vinagre, 3 cucharadas soperas de aceite de oliva, sal y pimienta negra.

¡Todo listo! Deja que se enfríe.

Guarda en la nevera
- las hojas de endivia (se conservan durante 3 días);

- los daditos de mango (se conservan durante 2 días);

- los lomos de salmón (se conservan durante 2 días);

- el estofado de col lombarda con manzana (se conserva durante 3 días);

- el guiso de lentejas con zanahoria y tofu ahumado (se conserva durante 4 días);

- la vinagreta (se conserva durante 6 días);

- las bolsitas de cilantro y de perejil (se conservan durante 6 días).

Guarda en el congelador
- la tarta *tatin* de endivias (se conserva durante 2 meses);

- la crema de lentejas verdinas (se conserva durante 2 meses);

- la compota de mango (se conserva durante 2 meses).

¿Qué debes hacer antes de

Menú #4

Lunes

Salmón asado con mango y cilantro

Tiempo de recalentamiento:
10 minutos

Ingredientes: el salmón, los daditos de mango y cilantro
Precalienta el horno a 180 ºC (t. 6). Hornea el salmón durante 8 minutos y luego incorpora los daditos de mango encima y hornéalo durante 5 minutos más. Espolvoréalo con cilantro.

Tiempo de preparación:
5 minutos
Tiempo de recalentamiento:
10 minutos

Martes

Entrante
Hojas de endivia rellenas de roquefort y nueces

Plato principal
Estofado de col lombarda con manzana

Ingredientes: las hojas de endivia, el roquefort, las nueces, aceite de oliva, pimienta negra, el estofado de col lombarda con manzana y perejil
En una bandeja para servir, reparte las hojas de endivia y espolvoréalas con roquefort y nueces. Sazónalas con 1 chorrito de aceite de oliva y pimienta negra.
Calienta el estofado de col lombarda con manzana a fuego suave durante 10 minutos. Si es necesario, vierte un poco de agua.

Miércoles

Guiso de lentejas verdinas con zanahoria y tofu ahumado

Tiempo de recalentamiento:
10 minutos

Ingredientes: el guiso de lentejas verdinas con zanahoria y tofu ahumado
En una olla, calienta el guiso a fuego suave.
Saca la tarta *tatin* de endivias del congelador y déjala en la nevera para el día siguiente.

Jueves

Tarta *tatin* de endivias con sirope de arce y canónigos

Tiempo de preparación:
2 minutos
Tiempo de recalentamiento:
15 minutos

Ingredientes: la tarta *tatin* de endivias con sirope de arce, la bolsita de canónigos y la vinagreta
Precalienta el horno a 180 °C (t. 6) y hornea la tarta *tatin* de endivias durante 15 minutos. Desmóldala en una bandeja para servir.
Vierte la vinagreta en una ensaladera y añade los canónigos.
Saca del congelador la crema de lentejas y la compota de mango y déjalas en la nevera para el día siguiente.

Tiempo de recalentamiento:
10 minutos

Viernes

Plato principal
Crema de lentejas verdinas con curri y cilantro

Postre
Compota de mango con jengibre

Ingredientes: la crema de lentejas verdinas con curri y cilantro, la compota de mango con jengibre
En una olla, calienta la crema de lentejas a fuego suave.
Vierte la compota de mango con jengibre en un recipiente.

Estas indicaciones son las ideales si has preparado el menú para cenar en casa. Pero si has cocinado para comer al día siguiente en el trabajo, en general bastará con que ultimes la preparación la noche antes y calientes la comida en el microondas de la oficina.

Menús de primavera

MENÚ #1

Lunes

Crema de guisantes con jengibre y una rebanada de pan integral con jamón cocido

Martes

Entrante
Puerros con una vinagreta de aceite de oliva

Plato principal
Salmón en papillote sobre un lecho de arroz con pesto de tomates secos

Miércoles

Coliflor y patatas asadas con especias, rollitos de jamón cocido con ricota y rúcula

Jueves

Tajín de pechugas de pollo, pera, miel, canela, almendras y piñones tostados

Viernes

Plato principal
Risotto de guisantes

Postre
Compota de pera con vainilla

MENÚ #2

Lunes

Plato principal
Pechugas de pollo rellenas de guacamole con una ensalada de lechuga y verdolaga

Postre
Carpaccio de piña con ralladura de limón

Martes

Zanahorias y ajo confitados al horno con tomillo, espelta pequeña y aceite de oliva

Miércoles

Entrante
Rábanos con flor de sal y tomillo fresco

Plato principal
Tortilla de verdolaga y queso de cabra fresco con lechuga

Jueves

Dorada con tomillo fresco y limón al horno, acompañada de boniato asado con piel

Viernes

Crema de hojas de zanahoria y rábanos, dados de boniato y espelta pequeña

MENÚ #3

Lunes

Plato principal
Crema de nabos morados con miel y nueces tostadas

Postre
Arroz redondo con leche de almendras y almendras tostadas

Martes

Asado de cerdo, peras y nabos morados con romero

Miércoles

Plato principal
Risotto de hojas de acelga con escamas de parmesano

Postre
Compota de pera con miel

Jueves

Jamón cocido y pencas de acelga gratinados con nuez moscada y canónigos

Viernes

Espaguetis integrales con pesto de canónigos, nueces y parmesano

MENÚ #4

Lunes

Bowl de fresas, rúcula, queso fresco, jamón serrano, piñones y quinoa

Martes

Plato principal
Salmón en papillote sobre un lecho de espinacas y rodajas de calabacín al dente

Postre
Fresas con flor de azahar

Miércoles

Tarta rústica de guisantes, queso fresco y menta, servida con rúcula y mézclum

Jueves

Calabacines rellenos al horno con quinoa

Viernes

Plato principal
Crema de rúcula y calabacín con chips de jamón serrano

Postre
Compota de ruibarbo y fresas con miel

Menús de verano

MENÚ #1

Lunes

Plato principal
Judías verdes crujientes con atún claro, perejil, aceitunas, tomate y huevo duro, acompañadas de pan integral tostado con ajo

Postre
Crema de frutos rojos con menta

Martes

Pechugas de pollo al estilo *tandoori, skyr* con pepino e hinojo y berenjenas asadas

Miércoles

Gazpacho con menta, acompañado de pan integral tostado con queso fresco a las finas hierbas

Jueves

Lubina asada con hinojo, berenjena y tomate

Viernes

Entrante
Ensalada con ajo

Plato principal
Flan de judías verdes, *feta* y hierbas aromáticas

MENÚ #2

Lunes

Entrante
Ensalada de calabacín crudo con limón y cilantro

Plato principal
Asado de buey con cebolla morada caramelizada

Martes

Tarta de tomate y ensalada de rúcula con orégano

Miércoles

Calamares con limón y pimentón, acompañados de polenta cremosa

Jueves

Plato principal
Guiso de calabacín, tomate y ricota con orégano

Postre
Granizado de melón y miel

Viernes

Cuadraditos de polenta tostados con queso cremoso y ensalada verde con perejil

MENÚ #3

Lunes

Sardinas marinadas con aceite de oliva, limón y tomillo, acompañadas de patatas al vapor

Martes

Entrante
Carpaccio de albaricoques con aceite de oliva

Plato principal
Verduras de verano asadas con *buffala* y albahaca

Miércoles

Cazuela de pollo con ajo, pan integral tostado y ensalada verde

Jueves

Plato principal
Crema de verduras de verano *all'arrabbiata* con daditos de pan tostado

Postre
Compota de albaricoque con tomillo fresco

Viernes

Pajaritas con brócoli al vapor, piñones tostados y aceite de oliva afrutado

MENÚ #4

Lunes

Entrante
Melocotones blancos rellenos de *feta* y albahaca

Plato principal
Pizza de berenjena con tomate, parmesano y rúcula

Martes

Salteado de buey con pimientos rojos y especias mexicanas

Miércoles

Plato principal
Ensalada griega (*feta,* tomate, pepino, aceitunas y albahaca) y una rebanada de pan tostado con trucha ahumada

Postre
Compota de melocotón blanco con verbena

Jueves

Brochetas de rape con verduras al romero

Viernes

Sopa de berenjena y tomate con virutas de jamón cocido

Menús de otoño

MENÚ #1

Lunes

Chuletas de cerdo marinadas con lima, jengibre y soja, acompañadas de boniato al horno

Martes

Entrante
Ensalada de remolacha rallada con perejil
Plato principal
Quiche de col blanca

Miércoles

Guiso de boniato, zanahoria, patata y pavo

Jueves

Plato principal
Sopa de remolacha al estilo ruso con queso de cabra fresco
Postre
Manzanas al horno con canela

Viernes

Macarrones integrales con pesto de hojas de zanahoria

MENÚ #2

Lunes

Plato principal
Huevos al plato con champiñones y brotes de ensalada
Postre
Pastel de arroz

Martes

Magret de pato con higos y nabos morados

Miércoles

Tarta de zanahoria con ensalada verde

Jueves

Arroz con champiñones

Viernes

Plato principal
Crema de zanahoria con comino
Postre
Compota de higos con flor de azahar

MENÚ #3

Lunes

Plato principal
Tarta de espinacas y *feta*

Postre
Macedonia de uvas, peras
y manzanas

Martes

Solomillo de ternera salteado con
uvas y trigo sarraceno

Miércoles

Verduras de otoño al vapor con salsa
verde de anchoas

Jueves

Tortitas de trigo sarraceno
con verduras y ensalada

Viernes

Plato principal
Crema de espinacas frescas con
daditos de *feta* y hierbas aromáticas

Postre
Compota de pera y manzana
con miel y clavo

MENÚ #4

Lunes

Calabaza al horno con salsa de
tahini y limón, acompañada
de brotes de achicoria roja

Martes

Entrante
Achicoria roja con ajo confitado

Plato principal
Pollo asado con castañas y chirivías

Miércoles

Risotto de cereales integrales con
hierbas aromáticas

Jueves

Entrante
Humus

Plato principal
Bacalao con romanesco al vapor

Viernes

Crema de calabaza y castañas,
acompañada de pan con queso
crema, cebollino y pimienta negra

Menús de invierno

MENÚ #1

Lunes

Entrante
Carpaccio de naranjas con aceite de oliva

Plato principal
Salmón asado con endivias al vapor

Martes

Hinojo caramelizado con naranja y arroz salvaje

Miércoles

Plato principal
Quiche ligera de requesón y ensalada verde

Postre
Compota de ciruelas con té y naranja

Jueves

Gratinado de endivias con trucha ahumada, nata ligera, limón y hojas de hinojo

Viernes

Sopa de arroz salvaje con verduras

MENÚ #2

Lunes

Entrante
Caldo de verduras exprés con hierbas aromáticas

Plato principal
Ensalada de endivias, nueces y roquefort con pan integral tostado

Martes

Cerdo asado con salvia, acompañado de «patatas fritas» de apionabo

Miércoles

Guiso de verduras de invierno con cereales

Jueves

Plato principal
Vieiras a la sartén con puerros al vapor

Postre
Fruta de la pasión con lima

Viernes

Crema de apionabo con roquefort, acompañada de una rebanada de pan con cecina

MENÚ #3

Lunes

Plato principal
Calabaza violín rellena de carne picada con hierbas aromáticas

Postre
Granada con flor de azahar y limón

Martes

Crozets con puerros

Miércoles

Chili con carne y verduras

Jueves

Verduras al horno a la provenzal y escarola con vinagreta de ajo

Viernes

Plato principal
Sopa picante de alubias rojas

Postre
Helado exprés de plátano y limón

MENÚ #4

Lunes

Salmón asado con mango y cilantro

Martes

Entrante
Hojas de endivia rellenas de roquefort y nueces

Plato principal
Estofado de col lombarda con manzana

Miércoles

Guiso de lentejas verdinas con zanahoria y tofu ahumado

Jueves

Tarta *tatin* de endivias con sirope de arce y canónigos

Viernes

Plato principal
Crema de lentejas verdinas con curri y cilantro

Postre
Compota de mango con jengibre

Agradecimientos

Quisiera expresar mi agradecimiento a todo el equipo de Hachette Pratique por este nuevo libro de *batch cooking healthy,* así como a la pareja de ases Véronique y Aline por el estilismo y las fotos, respectivamente.

La lectura abre horizontes, iguala oportunidades y construye una sociedad mejor.
La propiedad intelectual es clave en la creación de contenidos culturales porque sostiene el ecosistema de quienes escriben y de nuestras librerías.
Al comprar este libro estarás contribuyendo a mantener dicho ecosistema vivo y en crecimiento.
En **Grupo Planeta** agradecemos que nos ayudes a apoyar así la autonomía creativa de autoras y autores para que puedan seguir desempeñando su labor.
Dirígete a CEDRO (Centro Español de Derechos Reprográficos) si necesitas fotocopiar o escanear algún fragmento de esta obra. Puedes contactar con CEDRO a través de la web www.conlicencia.com o por teléfono en el 91 702 19 70 / 93 272 04 47.

Título original: *En 2h je cuisine pour toute la semaine Healthy*

© Hachette-Livre (Hachette Pratique), 2022

© de la traducción del francés, Palmira Feixas, 2024

© Editorial Planeta, S. A., 2024
Av. Diagonal, 662-664, 08034 Barcelona
www.planetadelibros.com

Dirección: Catherine Saunier-Talec
Responsable editorial: Lisa Grall
Editora: Pauline Bécet
Responsable artístico: Cecilia Rehbinder
Responsable del proyecto: Marin Postel
Realización interior: Nord Compo
Estilismo: Véronique Tanneur

Primera edición: enero de 2024
ISBN: 978-84-08-26945-8
Preimpresión: Safekat, S. L.

El papel utilizado para la impresión de este libro está calificado como **papel ecológico** y procede de bosques gestionados de manera **sostenible.**